电力企业信息化工程财务管理

国网冀北电力有限公司信息通信分公司　组编

内容提要

随着电网企业越来越多的信息化项目投入建设，传统的工程财务管理转型也迫在眉睫。

本书结合电网企业工程财务管理与信息化项目的特点，讲解了信息化项目背景下工程财务管理的现状、发展方向以及相应的实操内容。全书共分 8 章，内容包括概述、电网信息化项目财务核算体系和全过程预算管理、电网信息化项目实施阶段工程的财务管理、电网信息化项目竣工阶段的财务管理、电网信息化项目的资金管理、工程财务报表和财务风险分析、电网信息化项目的资产管理和税务管理，以及信息化项目未来发展和工程财务管理的应用。

本书可供电网企业从事信息化项目工程财务管理的财务人员、业务人员阅读学习，同时，也可供中层管理人员参考。

图书在版编目（CIP）数据

电力企业信息化工程财务管理 / 国网冀北电力有限公司信息通信分公司组编 .— 北京：中国电力出版社，2023.8

ISBN 978-7-5198-7491-9

Ⅰ . ①电…　Ⅱ . ①国…　Ⅲ . ①电力工业 – 企业信息化 – 工程项目管理 – 财务管理　Ⅳ . ① F407.61

中国国家版本馆 CIP 数据核字（2023）第 010985 号

出版发行：中国电力出版社
地　　址：北京市东城区北京站西街 19 号（邮政编码 100005）
网　　址：http：//www.cepp.sgcc.com.cn
责任编辑：崔素媛（010-63412392）
责任校对：黄　蓓　朱丽芳
装帧设计：赵丽媛
责任印制：杨晓东

印　　刷：北京雁林吉兆印刷有限公司
版　　次：2023 年 8 月第一版
印　　次：2023 年 8 月北京第一次印刷
开　　本：710 毫米 ×1000 毫米　16 开本
印　　张：11.25
字　　数：171 千字
定　　价：55.00 元

编 委 会

主　任　马　跃　邢宁哲

委　员　王官珺　任建伟　贺惠民　李运平　刘天丽

娄　竞　彭　柏　万　莹　许鸿飞

编 写 组

主　编　赵　欣

副主编　付　然　厉一梅

参　编　高　月　段菲宇　李　信　于　然　刘　昀

来　骥　那琼澜　魏秀静　尚芳剑　赵子兰

苏　丹　庞思睿　常海娇　王艺霏　张　辉

李环媛　卜亚杰　孙　贤　张春霖　赵鹏辉

胡曼婷　杨　茜　金　超　赵　娜　马美佳

新型电网，科技赋能。

随着我国数字化行业蓬勃发展，以及电网各环节之间的协同关联性不断增强，电网信息化数字化建设的必要性进一步提升，电网企业的信息化数字化管理从单一化向多元化发展，数字化共赢的局面已经开始，大力发展电网数字化是电网企业发展的必由之路。电网数字化是以云计算、大数据、物联网、移动互联网、人工智能、区块链等新一代数字技术为核心驱动力，以数据为关键生产要素，以现代电力能源网络与新一代信息网络为基础，通过数字技术与能源企业业务、管理深度融合，不断提高数字化、网络化、智能化水平而形成的新型能源生态系统。

信息化水平的提升，相关的管理要求的建设也要相应提升。工程财务管理是以工程项目为对象，以企业为主体所产生的具有管理性质的学科，主要对企业在运行和项目建设过程中所产生的经济活动进行管理和分析，是将财务管理知识和工程管理知识相结合的交叉学科。

电网企业信息化工程财务管理是将工程财务管理知识应用于电网企业和信息化项目投资管理，从事工程财务管理、信息化项目管理、工程造价的人员必须具备这些专业基础知识。

本书既有一般工程财务管理的共性，又有电力行业的特殊性。在编写的过程中，充分吸收了现有工程财务管理的精华，同时结合了电网信息化项目业务活动的特点，力图解决信息化项目所面临的现实财务问题。本书具有以下特点。

（1）理论联系实际，侧重实务操作。在介绍工程财务管理基本理论的基础上，详细介绍了电网企业信息化项目的工程财务管理实务操作。

（2）注重管理结构的梳理。本书围绕会计的基本要素，信息化项目的管理流程（工程前期阶段、实施阶段、竣工阶段），以及工程项目的一般管理流程（预算、结算、决算）编写。

（3）以专业原理指导实际工作。依托现行的 SAP 系统，对于企业面临的现实工程财务管理问题，作了详细的解答，对企业财务人员、企业项目管理人员的项目实操工作，具有指导意义。

由于编者水平有限，虽然对书稿进行了多次推敲，仍难免有疏漏与不足之处，恳请读者谅解和批评指正！

000000

目 录

概　述

1.1　电网信息化发展概述

1.1.1　电网信息化的概念

电力企业信息化项目是指应用通信、自动控制、计算机、网络、传感等信息技术，结合企业管理理念，驱动电力工业旧传统工业向知识、技术高度密集型工业转变，为电力企业生产稳定运行和提升管理水平提供支撑和引领变革的项目。

本书主要讲解电力信息化中的电网信息化。电网信息化是以云计算、大数据、物联网、移动互联网、人工智能、区块链等新一代数字技术为核心驱动力，以数据为关键生产要素，以现代电力能源网络与新一代信息网络为基础，通过数字技术与能源企业业务、管理深度融合，不断提高数字化、网络化、智能化水平，而形成的新型能源生态系统，具有灵活性、开放性、交互性、经济性、

共享性等特性，使电网更加智能、安全、可靠、绿色、高效。

电网信息化建设过程是传统电网迈向数字化、智能化、互联网化的变革过程。传统电网的数字化转型，遵循了网络安全标准和统一电网数据模型构建相对应的数字孪生电网，利用数字技术平台，以“计算能力 + 数据 + 模型 + 算法”生成的强大“算力”，依托物联网、互联网打通电网相关各方面的感知、分析、决策、业务等环节，使电网公司具备超强感知能力、明智决策能力和快速执行能力，让数字电网的边界从传统电网扩展至各领域、各行业，变革传统电网的管理、运营和服务模式，驱动相关产业的能量流、资金流、物流、业务流、人才流的广泛配置，用“电力 + 算力”推动能源革命和新能源体系建设，助力国家经济体系现代化，全面构建安全、高效的电网信息化新体系。

国家电网有限公司董事长、党组书记辛保安在《中国网信》中指出，“作为关系国家能源安全和国民经济命脉的国有重点骨干企业，国家电网有限公司（以下简称国家电网）始终把数字化作为推进电网转型升级、实现高质量发展的重要抓手，制定实施数字化转型发展战略纲要，编制‘十四五’数字化规划，完成新型电力系统数字技术支撑体系框架设计，全面推动电网向能源互联网升级。”

1.1.2　电力行业需求的现状

1. 电力行业需求情况

从我国整体的用电规模来看，全社会用电量逐年呈现稳步增长趋势，2014—2021 年中国全社会用电量如图 1-1 所示。2014 年，全社会用电量 5.52 万亿 kWh。经过 7 年的稳步增长，全国电力供需形势总体趋近平衡。2019 年和 2020 年，受新冠疫情影响，全社会用电量增长缓慢，但随着疫情得到有效控制以及国家逆周期调控政策逐步落地，复工复产、复商复市持续取得明显成效，社会用电稳定恢复。2021 年，全社会用电量达到 8.31 万亿 kWh，同比增长 10.65%。复工复产、复商复市效果显著，经济社会运行、生产生活秩序日渐恢复正常，经济活力不断增强，电力服务的优化有效保障了全社会的用电需求，更是对电力行业的一个新挑战。

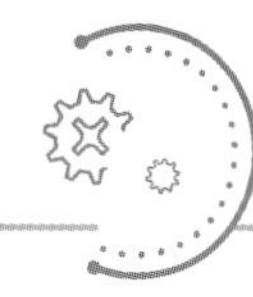

图 1-1 2014—2021 年中国全社会用电量

2. 发电结构

随着我国现代化建设脚步的加快，能源供应面临着巨大挑战。为了缓解能源供应的紧张局面，需在全社会倡导节约，建设节约型社会，并大力开发水电，有重点、有步骤地建设核电，并积极发展新能源发电。根据统计，2020 年我国发电结构中，有 69% 的发电量来自火电，虽然火力发电占比依旧很大，但是 2014—2020 年的发电量结构变化显示，我国火电发电占比呈下降趋势，风电、光伏、核能等其他能源发电占比逐年升高。2014—2020 年中国发电量结构如图 1-2 所示。

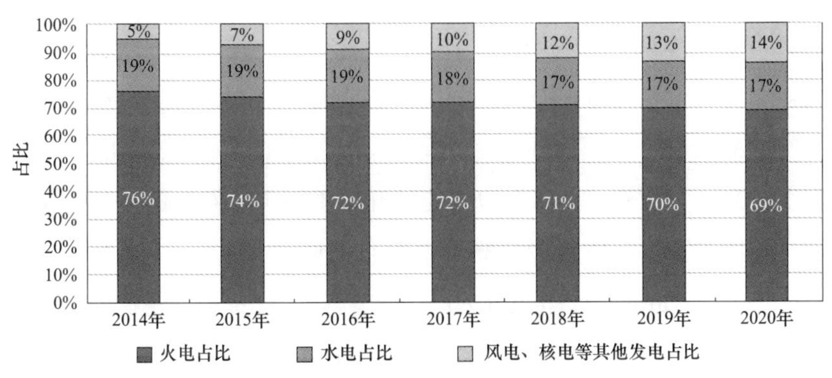

图 1-2 2014—2020 年中国发电量结构

我国新能源发电起步晚，但发展势头迅猛。近年来，在国家政策的引导下，我国能源转型成果显著，目前已逐步接近国际水平。新能源的高速发展缓解了

能源对经济的制约，但新能源消纳能力的不足也给电力系统带来了新的挑战。我国目前还是以火力发电为主、新能源发电为辅，但相信在不久的将来，新能源发电一定会在我国电力系统中占据主导地位。

3. 电力行业的发展

近年来，国家持续大力发展电网工程。2017 年，全国电网工程建设投资完成额 5315 亿元；2018 年，全国电网工程建设投资完成额 5373 亿元，同比增长 0.6%；2019 年，全国电网工程建设投资完成额 4856 亿元，同比下降 9.6%；2021 年，全国电网工程建设投资完成额为 4951 亿元，同比增长 1.10%。2017—2021 年全国电网工程建设投资完成额如图 1–3 所示。

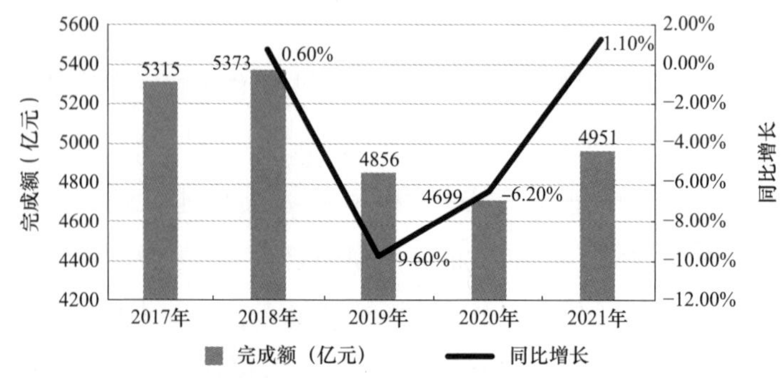

图 1–3　2017—2021 年全国电网工程建设投资完成额

2021 年，“十四五”规划中针对电力行业提出，深化供给侧结构性改革，发展低碳电力，就要通过能源高效利用、清洁能源开发、减少污染物排放，实现电力行业的清洁、高效和可持续发展。我国在光电、水电、核电等方面均提出了相关规划，要求清洁能源发电要能够开始承担主要发电任务。中国清洁能源发电“十四五”建设项目及 2035 年装机目标见表 1–1。

表 1–1　中国清洁能源发电“十四五”建设项目及 2035 年装机目标

发电类型	“十四五”建设重点项目	2035 年装机目标
风力发电	加快发展非化石能源，坚持集中式和分布式并举，大力提升风力、光伏发电规模，加快发展东中部分布式能源，有序发展海上风电建设一批多能互补的清洁能源基地，非化石能源占能源消费总量比重提高到 20% 左右	6.0 亿 kW
光伏发电		6.0 亿 kW

续表

发电类型	“十四五”建设重点项目	2035 年装机目标
水力发电	建设雅鲁藏布江下游水电基地；建设金沙江上下游、雅砻江流域、黄河上游和几字湾、河西走廊、新疆、冀北、松辽等清洁能源基地	4.8 亿 kW
核能发电	建成华龙一号、国和一号、高温气冷堆示范工程，积极有序推进沿海三代核电建设；推动模块式小型堆、60 万 kW 级商用高温气冷堆、海上浮动式核动力平台等先进堆型示范；建设核电站中低放废物处置场，建设乏燃料后处理厂；开展山东海阳等核能综合利用示范	2 亿 kW

1.1.3　电力数字化转型升级已是必然趋势

电力作为国家的支柱能源和经济命脉，在国民经济可持续发展中起着重要作用。在中国，为适应国民经济腾飞和社会进步的需求，电网技术正朝着高电压、大容量、跨区域、大电网的方向发展。中国的电网企业与世界同行一样，面临着如何保证电网的安全可靠运行和企业资产良性运营的挑战。

科学技术的进步掀起了席卷全世界、影响社会生活各个领域的数字化浪潮。在作为人类社会能源供给重要组成部分的电力系统中，数字化技术得到广泛应用。目前，部分国内外研究机构和企业已将数字化电网作为研究热点。2000 年，清华大学卢强院士提出数字电力系统（DPS）的未来发展方向；2003 年，美国电力研究院（EPRI）将未来电网定义为智能电网（IntelliGrid），同年，美国能源部发布“Grid 2030”设想；2004 年，美国 Battelle 研究所和 IBM 公司先后提出了对智慧电网（GridWise）和智能网络（Intelligent Utility Network，IUN）的理解；2005 年，欧洲提出了基于欧洲技术平台（ETP）的智能电网（Smart Grid）的概念。随着智能电网的提出和发展，数字化在大电网互联、电压等级不断提高、电网安全与经济运行、提升企业效益、更好地服务客户等各个方面给予了技术性支持。

同时，由于信息化时代的到来，伴随着生产、管理、经营等信息的有机结合，

社会各行业企业迈向信息化企业新时代。近年来，随着数字化和信息化技术在全球范围内快速发展，电力企业逐渐意识到构筑数字化电网、建设信息化企业已成为解决其所面临的各项压力并迎接挑战的必经之路。

数字技术推动社会变革。第四次工业革命正在加速改变着世界，以数字技术引领生产模式和组织方式的变革正在成为主要生产力。世界各国纷纷将发展数字经济作为推动实体经济发展、打造核心竞争力的重要举措，力图抢占数字经济发展的创新高地。我国作为世界第二经济体，具备全球最完整、规模最大的工业体系。新一代数字技术将加速推动数字与产业全面融合，带来生产方式、管理方式的根本性变革，社会经济形态由工业经济向数字经济转变，要素投入结构不断优化。通过激发数据这一新驱动要素的巨大创新潜能，不断催化和转化技术、管理、劳动力、土地、资本等要素作用，进而大幅提升全要素生产率，大力提升企业及整个产业的核心竞争力，推动经济社会深层次变革。

在国家倡导传统经济技术化、现代化的背景下，数字化转型在各领域普遍应用。通过现有产业数据和模型载体，结合计算机平台强大的运算处理能力，实现业务流、经营流和资金流等各个环节的数字化全覆盖，扩大数字化应用的社会边际和广域维度，从扁平化向立体化转型。完成电网主体的数字化系统构建，一方面推动电网其他关联产业的资源配置整合，另一方面加速新能源相关的系统化建设和变革。第四次工业革命的创新技术将深入应用于电力系统各环节，对电网作业模式、企业管理流程再造、企业组织结构变革等方面产生深远影响。

复杂的环境考验着电网的稳定运行。随着中国电力工业高速发展，技术和管理有了长足的进步，比如特高压技术和超临界已经达到世界先进行列，从规划到建设再到运营维护管理水平，都有较大提升。随着中国电力快速发展和持续转型升级，大电网不断延伸，电压等级不断提高，大容量高参数发电机组不断增多，新能源发电大规模集中并网，电力系统形态及运行特性日趋复杂，特别是信息技术等新技术应用带来的非传统隐患增多，对系统支撑能力、转移能力、调节能力提出了更高要求，给电力系统安全稳定运行带来了严峻考验。同时电力行业能源结构不断变化，对环境保护要求日趋提升，行业核心业务的可

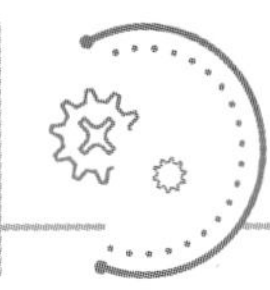

靠性、安全性和可用性面临挑战，因此电力行业将数据管理能力与业务结合，实现数字化转型升级已是必然趋势。

能源结构发生着巨变。能源结构的变化对电力企业的发展有着深远的影响，清洁能源势不可挡。政府和企业纷纷制定相关战略减少碳排放，寻求并开发可再生能源发电项目，响应用户对于可再生能源不断增长的需求。虽然低成本的煤炭、石油和天然气发电仍然支撑着工业的发展，尤其是在我国，煤电仍占总发电量的36%，但需求呈现下降趋势。

未来能源结构的变化对电力企业在基础设施方面的投资决策产生巨大影响。从长远来看，国家陆续出台排放政策，电力企业在制定发电策略的过程中必须要保证政策的合规性。面对经济下行，根据经济发展要求与可持续发展和减排需求的相平衡作出选择。随着清洁能源的应用显著增加了电网的复杂性，实现电网智能化、数字化改造显得更为迫切。电力企业需要通过分析工具和人工智能提高可视化和自动化水平，实现对数据自动采集和处理，评估后进行及时维修、更换，可有效保证电力调度自动化系统的稳定运行，提高配电网智能化水平，灵活地应对新型能源带来的各种新挑战。

因此，在技术革命、国家战略、能源革命等多重浪潮的推动下，作为能源行业核心枢纽地位的电网企业实施数字化转型已是大势所趋。

1.1.4 数字化转型将给传统电网发展带来的变化

1. 给传统电力系统的理论技术体系与研究方法带来基础性变革

海量数据与广泛连接将使数字电网具有显著的信息物理融合特征，在数字空间中能够深层次呈现物理电网的复杂状态和行为，各种先进物理装备则赋予了电网更加强大的“软件定义”能力。这从根本上突破了传统电网的理论与技术基础，推动了对数字技术与电网深度融合后的基础理论创新和前沿方法探索。

同时，传统电力系统建立在经典机电理论和数学模型基础上，而新能源、电力电子装备大量接入后的数字电网具有明显的弱惯性特点，这些问题是传统电网中未曾考虑的，也是传统电力技术难以解决的。在关注复杂系统机理模型

构建的同时，还要将侧重点转移到数据同步、挖掘和利用上来。

数字电网将给传统电网技术架构与技术模式带来颠覆性变化。数字化技术的全面应用将打破传统电网业务壁垒，加速电网技术体系融合。相较而言，传统电力系统的技术体系大多面向特定业务功能，各功能之间相互独立、信息割裂、协调困难。而在数字电网中，系统面临的不确定性将显著增加，新能源广泛接入、信息与能源深度耦合、用户差异化用能行为和能源需求等形成了海量主体、多时空尺度、超大规模的复杂系统问题。在数字空间中，既要满足复杂要素的关联分析，又要支撑多元业务的有效协同，需要更加重视对全域数据网络与知识网络的系统性构建。

数字电网将全面构筑基于先进信息化与数字化技术的关键技术体系。先进传感量测是实现物理电网信息化的基础，是将物理过程转化为数字信号的电网“神经末梢”；边缘计算为数字电网的海量数据提供了针对性的利用方案，将实现灵活、高效的感知与控制，构成了数字电网的“低位神经中枢”；先进通信网络是支撑电网数据和信息在海量传感装置、智能终端、云—边平台等之间双向流动的必要保障，构成了数字电网的“神经通路”；数字平台是具备云资源存储、大数据处理、数据驱动分析等能力的强大硬件和软件平台，是数字电网核心功能与智能的实现基础；人工智能将支撑数字电网跨域智慧能力的构建，是数字电网的高级发展目标，构成了数字电网的“高位神经中枢”。这些先进技术的应用不仅将全面支撑数字电网关键技术体系构建，还可为数字化能源系统转型发展提供宝贵的技术范本。

数字电网将为我国能源结构转型提供坚实的物理基础。在能源生产环节，数字电网将显著提升新能源发电的可观、可控能力和消纳利用水平。多模态的传感量测数据将有效拓展传统运行监测的功能与性能，使电网具备对新能源的全面感知能力，满足新能源发电实时状态监测、精准功率预测等需求；边缘计算、物联网等技术将支撑电网形成对新能源更加完备的掌控能力，实现自动功率控制、快速频率响应，保证新能源“友好接入”；依托大数据、云计算、人工智能等技术，电网将具备对新能源更加智能的调度决策能力，支撑海量新能源发电设备作为主力电源参与电力系统调控，为清洁低碳的电

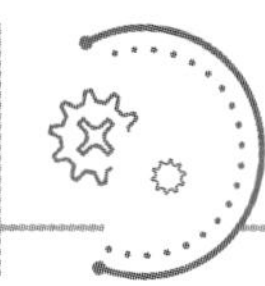

能生产奠定技术基础。

在能源供给环节，遍布全网的传感终端将显著提升电网透明化水平，全域覆盖的信息通信网络将支撑海量物联终端形成广泛连接，支撑实现系统层面电网状态、设备状态、管理状态的全景透明。以此为基础，通过系统层面的智能化协调调度，将大幅提升电力系统发、输、变、配、用各环节的运行效率，支撑新能源充分消纳和高效利用；通过基于电网全域数据的分析和智能诊断，能够及时发现电网薄弱环节和运行风险，提供具有前瞻性的态势判断和运行决策，保障高比例新能源接入后的系统运行安全；依托数字电网拓展的价值服务体系，可促进电网与上下游产业和用户的灵活互动，推动形成数字电网支撑下的智慧能源价值外延，有助于构建更高效、更绿色、更经济的新型能源生态。

在能源消费环节，数字电网将构建起更加灵活和柔性的用户能源配给平台。既能有效满足用户清洁化、个性化、便捷化的能源需求，还能支撑更富有针对性的能源服务策略以及能源交易、能效管理等增值服务，促进分布式电源、电动汽车、电能替代、供需互动等新型能源服务发展，支撑用户侧能源消费体验与利用效率的大幅提升。

2. 推动企业转型

数字化电网将新一代数字技术应用于大电网安全稳定运行、大规模新能源接入、综合智慧能源、四网融合、大规模储能等关键领域，让技术进步促进转型升级，让数字化、智能化为电网运营赋能，提高电网安全稳定运行水平，提高对复杂大电网的驾驭能力，实现电网全环节和生产全过程的数字化，支撑企业向智能电网运营商转型。

数字电网通过进一步运用大数据、人工智能等新一代数字技术，推动了管理和业务的变革。管理由层级式转变为扁平化，管控由结果型转变为结果与过程同时管控，业务由专业化转变为平台化，价值创造由单一购售电的盈利模式向数据型、服务型等数字经济方向转变。延伸数字电网产业链，整合并共享产业链资源，支撑企业向能源产业价值链整合商转型。

数字电网通过开放合作，整合产业链上下游数据资源，与上下游企业共同开拓能源数据市场，以数字化推动能源生态系统利益相关方开放合作、互利共

生、协作创新，支撑企业向能源生态系统服务商转型。

3. 提升社会能力获得感

通过数字电网应用，构建崭新的数字化一站式服务平台，引入多元参与主体，构建电力金融市场，提供普惠服务和灵活用能、能源交易、能效管理、节能服务等增值服务，降低全社会用电成本，提升人民用电获得感和满意度，塑造世界一流的营商环境。基于用户的视角，让用户感受到用电服务获得的尊重感、便利感、舒适感，让用户享受用电服务的过程，就是解放了用户的身心，让愉悦的感受贯穿服务的始终，做到“解放用户”。

“解放用户”就是要做到以用户为中心，全面满足用户对美好生活的能源电力需求，帮助用户充分释放潜能，不断解放和发展社会生产力、增强社会创作活力。致力于打造敏捷前台、高效中台和柔性后台，推动现代供电服务体系提质升级。敏捷前台加快服务转型升级，推广应用互联网客户服务平台，让客户办点“一次都不跑”。高效中台提升运营中枢效率，以用户需求为驱动力打造“一体化智能运营”，以业务流程为主要主线，推动多专业高效协同，实现价值流、业务流和数据流的高效运转。柔性后台提高资源保障质量，大力实施“一码通全网、只填一张表、就看一张图、一次都不跑”的数字化转型行动，构建贯通各专业、联通内外部的统一数字化平台。

4. 践行国家能源战略

通过数字化业务技术平台覆盖全国，有效建立贯通“源网荷储”全环节的枢纽平台，贯穿能源全过程，推动能源电力行业生产和服务资源优化配置，促进清洁能源消纳，引导用户合理用电，促进节能减排，维持能源供应的稳定性，保障国家能源安全，推动数字化电网在全球范围的标准化和相互协同，实现跨国、跨地区的电网互通，促进地区间能源合作、互利共赢。

5. 支撑数字化中国建设

数字化电网采集了海量的能源运行数据和用电行为数据，这些数据与政府数据、经济数据、商业数据相结合，能够放大数据价值，繁荣数字生态和数字经济。通过数字电网与智慧城市的对接，发挥数字化电网在城市治理、政策制定、宏观经济调控等方面的作用，以能源技术为突破点带动整体，助力国家跻身世

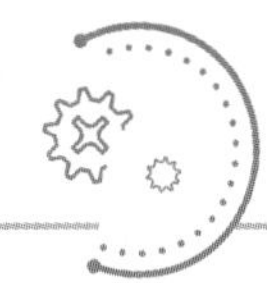

界技术强国行列，有力支撑数字中国。

1.2 工程财务管理概述

目前，我国电力行业的发展突飞猛进，这也进一步推动了电力企业的发展，电力企业作为一种特殊的企业，其财务管理工作具有系统而复杂的特点，电力企业应该在保证工程安全的前提下，不断加强其财务管理，重视财务管理中的成本控制，提高财务管理人员的综合素质，不断更新其财务管理观念，对电力企业进行科学管理。

1.2.1 工程财务管理的概念

工程财务管理即工程项目财务管理，是指一个工程项目，从接受工程项目施工到项目完工，这一施工生产全过程的财务管理工作。财务管理即在一定整体目标下，对资产购置、资本融通、现金流、利润分配等进行处理、协调、统筹、组织、安排的一项经济管理工作，是企业管理中重要的组成部分。工程财务管理是建设项目管理中的重要组成部分，亦是建设项目财务工作中的重要内容。

1.2.2 工程财务管理的特点

1. 广泛性

电力企业财务管理包括的内容非常广泛，只要涉及资金的管理，都属于财务管理的范畴，电力企业从筹集资金到使用资金，整个环节都属于电力企业财务管理的范围，因此，涵盖内容非常广泛。

2. 综合性

财务管理涉及的内容比较广，其综合性也比较强，在进行财务管理时，要处理好多重财务关系。电力企业要处理好和各个部门之间的关系，才能实现财务管理的目标，从而使电力企业的经济效益达到最大。

3. 经济性

财务管理工作是企业管理非常重要的一个分支，电力企业亦是如此，电力企业在进行财务管理时，无论是对资金的使用，还是对资金的分配，都要通过各项指标来进行计算分析，进而作出正的决策。在这一过程中，要考虑其经济性，要重视成本效益原则，才能更好实现企业发展的目标。

1.2.3　工程财务管理中存在的问题

1. 忽视工程全过程财务管理的重要性

电力行业在发展过程中，大部分电力企业都非常重视财务管理工作，但也有的电力企业并没有真正认识到财务管理全过程的重要性，受传统理念的影响，一些电力企业的管理者只重视成本的核算和款项的收付，而忽略了财务管理中预测及预算的功能，这会导致企业发生一些不合理及不必要的支出。由于部分电力企业缺乏对工程财务管理全过程的理解和重视，会导致企业资源利用效率低下，不利于企业提高经济效益。因此，重视工程财务管理整个过程管理对企业的发展至关重要。

2. 工程数据和工程资料共享不及时，难以进行有效的管理

电力资源是一种比较特殊的资源，很多电力企业对输变电资产的管理没有完整的信息和数据，不能实现财务数据完全共享，使同一企业不同部门之间的信息沟通不便，导致业务结构分散，这种分散式的财务管理体系不利于电力公司对工程数据的核算和管理，且由于集团公司之间财务共享实施更慢，因此不能很好地为集团企业提供准确、科学的数据进行决策。

3. 合同管理存在漏洞

工程合同，是工程施工的主要法律保障，也是施工过程中质量衡量，进度把控以及工程款结算的根本依据。但是在电力工程的施工项目中，普遍存在轻视合同管理工作的现象，所以大部分的项目都是在施工期间或者完工后进行补签合同。由于对工程合同管理缺乏规范性，所以使得工程合同在内容上重形式而轻实质，现场施工情况又容易产生与合同约定不匹配的情况，增加了工程管理中的法律风险。电力工程的合同文本问题具体表现在以下两个方面。

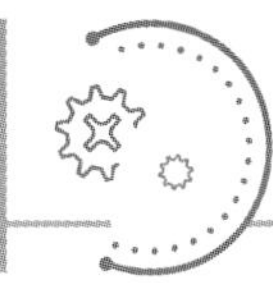

（1）合同文本不规范。国家为了规范出包方和承包方的行为，出台了诸多文件，从各个角度明确了甲乙双方的权利和义务，但对电力企业而言，在实施过程中，由于一些现实的因素，使得电力工程的合同文本约束力不够，根据调查发现，部分电力公司的合同文本在约束力方面对发包方有较强的约束力，但对承包方的约束力较差，这就导致双方在权利和义务方面存在不平等。

（2）合同文本表述不严谨。某些电力公司在签订合同时，在语言表述及用词方面存在漏洞，主要表现为合同条款表述不够严谨，导致在签订合同过程中，由于出包方和承包方对合同条款的理解存在偏差，在合同执行过程中出现纠纷；或由于合同文本签订的不规范，对同类企业工程项目的开展产生阻碍。

4. 精细化预算管理信息化建设水平较低

为了满足我国居民用电的需要，实施电力企业可持续发展，电力企业的规模也需不断扩大，这必然给电力企业财务管理带来一定的难度。如果继续采用传统的财务管理模式及财务管理理念，不仅会影响电力公司财务管理成效，也会阻碍电力公司可持续发展。随着大数据的普及和信息技术的发展，各行各业都在完善信息化管理，然而，目前我国电力企业的财务管理由于缺乏现代的信息化管理系统，无法实现财务管理的精细化预算管理，存在导致企业决策失误乃至资产的浪费的风险较大。另外，由于电力企业管理者及财务人员综合素质有限，对信息系统的操作及信息的使用和分析不能恰到好处，也在一定程度上给财务管理的水平带来了影响。

5. 缺少科学的资产管理机制

现阶段电力企业的发展过程中存在较多的问题，尤其是在资产管理方面，明显缺乏完善的财务管理体系。比如财务部门职权范围模糊不清，根据规定，财务部门拥有固定资产的管理权，但实际上，固定资产的日常维护、升级改造由调度管理所及变电管理所等相关部门负责，因此导致资产管理存在漏洞；又如，部分电力公司在进行固定资产采购时，没有进行详细的统计，结果因为购买数量过多而出现闲置资产，或者由于电力设备更新换代速度较快，部分没有达到报废年限的设备，因技术需要被替换后未及时进行处置而使得设备的报废时间和设备停止使用的时间不一致，报废处理不及时也会产生闲置

固定资产。

6. 中介的审价质量不稳定

电力工程的结算审价，通常是利用中介审价机构的模式进行，主要是为了保证工程结算过程的客观性与公正性，能够科学地把控电力工程的风险。但是，现阶段大部分中介审价机构往往存在缺乏足够的技术力量，甚至还存有缺乏责任心与职业道德的设审价机构，所以实际审价质量不稳定，无法促进财务风险管理目标的实现。

7. 工程项目资金结算工作缺乏及时高效性

在电力企业的工程项目开展中，普遍存在过于重视施工管理工作，而忽视财务管理工作的现象。甚至存在工程项目已经处于交付使用的状态，而财务部门却还未收到竣工结算报告的现象，使得财务数据与实际工程数据明显不符。这给企业工程资金管理及相关工作造成了一定的影响。

8. 财务竣工决算管理效率较低

电力工程企业在对项目成本进行确认和核算时，主要依据的是电力工程项目的竣工决算报告，当工程符合竣工要求达到可使用情况时，财务部门需及时开展工程收入与成本的计量工作。但是在实际工程管理中，财务部门对于竣工决算管理的效率较低，使得电力企业的年末资产容易出现存量收入高估或成本低估的现象，直接降低了财务信息的参考价值，同时加大了电力企业的财务风险。

1.2.4 工程财务管理对策

1. 整合工程项目财务数据资源，构建大数据平台

电力企业应该合理利用大数据，基于财务管理及控制系统，结合电力项目的前期数据，构建适合企业的大数据平台。同时，应该引进先进的财务管理软件，准确地收集材料、成本、预算等相关的财务管理决策数据，以便为企业做出良好的筹资和投资决策，更好地管理工程项目。若电力企业构建大数据平台，可以多维度、分批次采用不同的方法进行财务管理有关数据查询，这对于整合电力公司的资源有着非常重要的作用。大数据平台反映出的精准数据可以为企

业的预测和决策提供更加可靠的依据，从而优化企业财务管理流程。

2. 合理管控工程价款的结算

部分电力企业不重视电力项目中的小项目，对于部分已完工的小项目，未能及时结算工程价款，统计财务数据，从而导致企业财务数据反馈不全面。因此，电力企业的财务人员需保证项目会计信息的及时性。在电力工程项目完工的第一时间，根据真实发生情况结算价款并入账，核算项目成本并及时的跟进项目施工进度，保证电力工程项目核算的准确性及企业财务资产的安全性，避免电力工程财力、人力、物力的浪费，实现对工程造价成本的合理管控。

3. 建立完备的财务预算管理体系

电力企业应该认识到精细化预算管理对企业的重要性。首先，应该在实施精细化预算管理之前，结合电力企业战略发展的需要，设立企业财务预算专业管理团队或预算管理委员会，该团队的职责是依据企业发展状况制定合理的财务预算指标，为预算的执行奠定基础；其次，电力企业应该根据往年财务数据相关指标，制定合理的激励机制，良好的激励机制是保证精细化预算管理有效实施的前提条件。年终时，通过预算指标和实际完成指标对员工进行考核，给予员工相应的奖励，以此调动员工的积极性，从而不断提升电力企业财务管理的水平。

4. 加强资产管理

首先，应多渠道、多方位地减少电力企业闲置的固定资产。在企业对固定资产进行处置之前，须聘请第三方机构的审计人员对该部分固定资产进行评估，在与采购部门及其他使用部门沟通后，再对闲置资产进行处置，处置时，要对处置过程进行跟进、把控，避免出现处理不当或反复处理的情况发生，确保企业资产充分利用。

其次，电力企业还应加强对流动资产的管理，定期盘点、分类管理和储存，不断完善管理体制。

1.2.5 工程财务管理的作用

1. 在初期决策中的作用

工程项目建设中最开始是决策阶段，需要对不同的建设方案进行比较分析，在比较后选择出最为合适的项目方案。财务管理在这个阶段还需要在工程的计划采购等方面进行比较，计算出费用使用的大概总额和项目资金的投入计划，并编制出项目从开始到竣工所需要支出的所有费用。

工程的前期工作直接影响到最终的工程质量，前期的工作包括签订合同、招投标、项目决策和评估、编制项目可行性报告、提出项目建议书等。这个阶段的工作要点是明确项目投资的可行性、可能性以及必要性，明确怎么投资、何时投资以及为什么投资的问题，对比相关的科学方案和论证。相关财务部门需要积极参与到项目的决策、论证研究中，并且计算分析最终的财务效益，考察和计算相关的指标内容，这样可以确保项目的可行性。对于需要筹集资金的项目内容，需要分析资金的情况，有效搭配相关的资金筹资途径。同时，在预算编制工作的工程量计算、项目内容、定额套用方面，需要加强审核，确保编制的完整性、合理性以及科学性，从财务专业的角度来提出有效意见，进而评价竞标企业的财务情况、履约能力以及经济实力等。

2. 在项目筹资中的作用

项目立项后财务部门需要落实资金投入计划，科学规划项目资金，并且要根据建设单位的盈利能力来确定资金和融资比例，分析资金流量状况，从而通过分析比较方式来选择最优方案，进而降低财务风险。通过优化方案，能够减少利息的支出，提升资金的合理使用率，最终为成本控制作出保障。

3. 在项目建设中的作用

（1）深入现场了解情况。工程财务管理人员在施工建设中需要直接深入现场进行情况了解，以便能及时地控制变更情况。施工中由于施工组织方案不合理而造成的修补或者拆除，财务管理人员可以拒绝签字，并且要督促工程管理人员能及时协商，保证施工顺利实施，也降低工程中的不合理成本负担。

（2）合理管控工程物资。一般来说，在项目建设中工程物资是占用比例

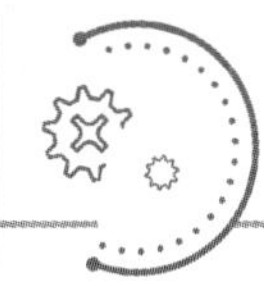

比较大的项目，因此其重要性也不言而喻。作为工程财务管理人员一定要对物资的采购、运输和使用等情况进行全面控制和了解。同时要规划出详细的物资管理清单，提升管理科学性和合理性。在物资管理上，一方面要保证物资充沛，另一方面也要保证不会出现大量囤积的现象，导致资金问题突出，增加成本支出。

（3）减少企业的经济损失。在施工当中经常会出现某一个环节上的设计更改，当中会涉及返工或者是修补等工作，就会出现成本问题。对于这样的支出不仅要提供书面证明，还需要在现场由设计师和工程师签字确定，待审批结束以后才能正式进入变更阶段中。这种方式主要是为了避免施工中出现不必要的资金浪费，也为施工进度提供保证，减少企业的经济损失。

4. 在项目竣工中的作用

一个工程项目的竣工结算是控制成本的关键所在。正确及时地进行竣工结算编制，分析资产成本和效益等对于企业经济保证具有重要意义。因此，作为财务人员一定要认真的编制并审核资产数量以及价值。等到项目建设完成后，及时对物资和债务债券等进行清理，最终保证减少项目成本支出。

电网信息化项目财务核算体系和全过程预算管理

2.1 信息化项目的财务核算体系介绍

财务核算是公司财务管理中最核心的工作内容之一，为公司的财务报表、财务分析等财务工作奠定基础。

在财务部门的日常工作中，正确的财务核算，能够保证财务管理工作高效进行，减少财务风险发生，从而发挥财务管理的作用，促进公司经营稳定安全发展。

2.1.1 财务核算体系简介

1. 会计的概念

会计是以货币为主要计量单位，反映和监督一个单位经济活动的一种经济管理工作。在企业，会计主要提供企业财务状况、经营成果和现金流量信息，

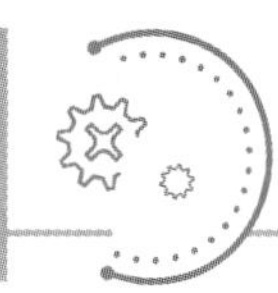

并对企业经营活动和财务收支进行监督。会计是随着人类社会的生产发展和经济管理的需要而产生、发展并不断完善起来的。随着人类文明不断进步，社会经济活动不断革新，生产力不断提高，会计的核算内容、核算方法等也得到了较大发展，逐步由简单的计量与记录行为发展成为主要以货币单位综合地反映和监督经济活动过程的一种经济管理工作，并在参与单位经营管理决策、提高资源配置效率、促进经济健康持续发展方面发挥着积极作用。

2. 会计准则

会计准则（Accounting Standard）是会计人员从事会计工作必须遵循的基本原则，是会计核算工作的规范，也是会计人员从事会计工作的规则和指南。会计准则是指就经济业务的具体会计处理作出规定，以指导和规范企业的会计核算，保证会计信息的质量。

《企业会计准则——基本准则》（财政部令第 33 号）是在《企业会计准则》（财政部令第 5 号）的基础上根据 2014 年 7 月 23 日发布的《财政部关于修改〈企业会计准则——基本准则〉的决定》（财政部令第 76 号）修改而成的，分总则、会计信息质量要求、资产、负债、所有者权益、收入、费用、利润、会计计量、财务会计报告、附则 11 章 50 条，以下简称《基本准则》。

根据《中华人民共和国会计法》的规定，中国企业会计准则由财政部制定。多年来，尤其是改革开放以来，我国一直与时俱进，顺应时势，积极推进会计改革和国家统一的会计制度（会计准则是国家统一的会计制度的一部分）建设。2006 年 2 月 15 日，财政部在多年会计改革经验积累的基础上，顺应我国社会主义市场经济发展和经济全球化的需要，发布了企业会计准则体系。这套企业会计准则体系包括会计准则的具体内容及有关应用指南，实现了与国际财务报告准则的趋同。企业会计准则体系自 2007 年 1 月 1 日起首先在上市公司范围内施行，之后逐步扩大到几乎所有大中型企业。中国现行企业会计准则体系由基本准则、具体准则、应用指南和解释等组成。

3. 会计要素

如果说会计准则是“会计基本法”，那么会计要素就是“会计基本法”的具体解释和延伸。

《基本准则》第三条明确规定，“企业会计准则包括基本准则和具体准则，具体准则的制定应当遵循本准则（即基本准则）”。基本准则将会计要素分为资产、负债、所有者权益、收入、费用和利润 6 个要素，同时对各要素进行了严格定义。

会计要素是对会计对象所作的基本分类，是会计核算对象的具体化，是用于反映会计主体财务状况和经营成果的基本单位。其中，资产、负债和所有者权益 3 项会计要素侧重反映企业的财务状况，构成资产负债表要素；收入、费用和利润 3 项会计要素侧重于反映企业的经营成果，构成利润表要素。

会计要素是会计对象的具体化，是会计基本理论研究的基石，更是会计准则建设的核心。

2.1.2 财务核算体系框架

信息化项目财务核算基础就是会计准则、会计要素。在会计准则的基础上，熟练运用会计要素。

1. 会计科目定义

为了连续、系统、全面地核算和监督经济活动所引起的各项会计要素的增减变化，就有必要对会计要素的具体内容按照其不同的特点和经济管理要求进行科学的分类，并事先确定分类核算的项目名称，规定其核算内容。这种对会计要素的具体内容进行分类核算的项目，称为会计科目。会计科目是对会计要素对象的具体内容进行分类核算的类目。会计对象的具体内容各有不同，管理要求也有不同。为了全面、系统、分类地核算与监督各项经济业务的发生情况，以及反映因此引起的各项资产、负债、所有者权益和各项损益的增减变动，就需要按照各项会计对象分别设置会计科目。设置会计科目就是对会计对象的具体内容加以科学归类，也是进行分类核算与监督的一种方法。

2. 会计科目体系定义

会计科目体系是一个独立核算单位会计科目的设置，需形成一个会计科目体系。会计科目体系是会计对象具体内容的分类系统，包括总括分类与多层次分类。

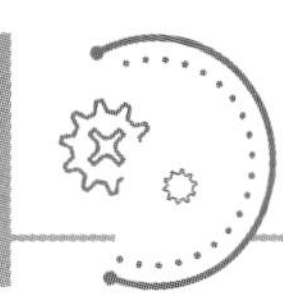

总括分类就是把会计对象的具体内容进行总括的分类，全面核算会计对象的总括情况。总括分类是会计对象的一级分类或总分类，这种分类的科目叫一级科目或总账科目，是会计科目体系的横向结构。在总括分类的基础上，要对某些总括分类的一级科目进一步作多层次分类，以核算这一总括分类的具体情况，多层次分类叫二级分类、三级分类或明细分类，这种分类的科目叫二级科目和明细科目。二级科目又叫子目或类目，明细科目又叫细目。多层次分类是会计科目体系的纵向结构。

集合全部横向结构的一级科目和全部纵向结构的二级科目和明细科目，就形成一个有机的完整的会计科目体系。会计科目体系具体设计内容包括：①全部会计科目的分类设置，会计科目分类排列次序和编号；②会计科目核算内容、范围及其使用说明；③主要会计事项分类举例等。

2.1.3　信息化项目的会计科目体系搭建

根据会计准则的要求，公司充分考虑信息化项目特点和成本类单位的特征，结合上级公司各类各级核算要求，在不考虑税费影响的情况下，科学搭建了信息化项目核算的科目体系，以达到完整体现信息化项目全过程财务管理的目的。

该科目体系主要涉及资产科目、负债科目、共同科目及损益类科目等，其中资产科目包括库存现金、银行存款、资产减值、累计折旧、固定资产、无形资产、项目建设成本—成本、在建工程、工程物资等；负债科目包括应付票据、应付账款—往来统驭、应付账款—应付暂估、应交税费—应交增值税—进项税额等；共同科目包括内部往来等；损益类科目则包括管理费用—研究开发费等。信息化项目会计具体科目见表 2–1。

表 2–1　　信息化项目会计具体科目

序号	管控简化后科目编码	SAP 简化后科目编码	会计科目名称
1	1001	1001000000	库存现金
2	1002	1002000000	银行存款
3	1601	1601000000	固定资产

续表

序号	管控简化后科目编码	SAP 简化后科目编码	会计科目名称
4	160101	1601010000	固定资产—输电线路
5	160102	1601020000	固定资产—变电设备
6	160103	1601030000	固定资产—配电线路及设备
7	160104	1601040000	固定资产—用电计量设备
8	160105	1601050000	固定资产—通信线路及设备
9	160106	1601060000	固定资产—自动化控制设备、信息设备及仪器仪表
10	160107	1601070000	固定资产—发电及供热设备
11	160108	1601080000	固定资产—水工机械设备
12	160109	1601090000	固定资产—制造及检修维护设备
13	160110	1601100000	固定资产—生产管理用工器具
14	160111	1601110000	固定资产—运输设备
15	160112	1601120000	固定资产—辅助生产用设备及器具
16	160113	1601130000	固定资产—房屋
17	160114	1601140000	固定资产—建筑物
18	160115	1601150000	固定资产—土地
19	160116	1601160000	固定资产—冶炼设备
20	160117	1601170000	固定资产—采掘设备
21	1602	1602000000	累计折旧
22	160201	1602010000	累计折旧—输电线路
23	160202	1602020000	累计折旧—变电设备
24	160203	1602030000	累计折旧—配电线路及设备
25	160204	1602040000	累计折旧—用电计量设备
26	160205	1602050000	累计折旧—通信线路及设备

续表

序号	管控简化后科目编码	SAP 简化后科目编码	会计科目名称
27	160206	1602060000	累计折旧—自动化控制设备、信息设备及仪器仪表
28	160207	1602070000	累计折旧—发电及供热设备
29	160208	1602080000	累计折旧—水工机械设备
30	160209	1602090000	累计折旧—制造及检修维护设备
31	160210	1602100000	累计折旧—生产管理用工器具
32	160211	1602110000	累计折旧—运输设备
33	160212	1602120000	累计折旧—辅助生产用设备及器具
34	160213	1602130000	累计折旧—房屋
35	160214	1602140000	累计折旧—建筑物
36	160215	1602150000	累计折旧—土地
37	160216	1602160000	累计折旧—冶炼设备
38	160217	1602170000	累计折旧—采掘设备
39	1603	1603000000	固定资产减值准备
40	160301	1603010000	固定资产减值准备—输电线路
41	160302	1603020000	固定资产减值准备—变电设备
42	160303	1603030000	固定资产减值准备—配电线路及设备
43	160304	1603040000	固定资产减值准备—用电计量设备
44	160305	1603050000	固定资产减值准备—通信线路及设备
45	160306	1603060000	固定资产减值准备—自动化控制设备、信息设备及仪器仪表
46	160307	1603070000	固定资产减值准备—发电及供热设备

续表

序号	管控简化后科目编码	SAP 简化后科目编码	会计科目名称
47	160308	1603080000	固定资产减值准备—水工机械设备
48	160309	1603090000	固定资产减值准备—制造及检修维护设备
49	160310	1603100000	固定资产减值准备—生产管理用工器具
50	160311	1603110000	固定资产减值准备—运输设备
51	160312	1603120000	固定资产减值准备—辅助生产用设备及器具
52	160313	1603130000	固定资产减值准备—房屋
53	160314	1603140000	固定资产减值准备—建筑物
54	160315	1603150000	固定资产减值准备—土地
55	160316	1603160000	固定资产减值准备—冶炼设备
56	160317	1603170000	固定资产减值准备—采掘设备
57	1604	1604000000	在建工程
58	160401	1604010000	在建工程—基建工程支出
59	160402	1604020000	在建工程—技改工程支出
60	160498	1604980000	在建工程—其他工程支出
61	1606	1606000000	工程物资
62	160601	1606010000	工程物资—专用材料
63	160602	1606020000	工程物资—专用设备
64	160603	1606030000	工程物资—为生产准备的工器具
65	160604	1606040000	工程物资—采购保管费
66	160605	1606050000	工程物资—其他
67	1608	1608000000	固定资产清理

续表

序号	管控简化后科目编码	SAP 简化后科目编码	会计科目名称
68	160801	1608010000	固定资产清理—净值
69	160802	1608020000	固定资产清理—清理费用
70	160803	1608030000	固定资产清理—赔偿收入
71	160804	1608040000	固定资产清理—变价收入
72	1701	1701000000	无形资产
73	170101	1701010000	无形资产—专利权
74	170102	1701020000	无形资产—非专利技术
75	170103	1701030000	无形资产—商标权
76	170104	1701040000	无形资产—著作权
77	170105	1701050000	无形资产—土地使用权
78	170106	1701060000	无形资产—软件
79	170198	1701980000	无形资产—其他
80	1702	1702000000	累计摊销
81	170201	1702010000	累计摊销—专利权
82	170202	1702020000	累计摊销—非专利技术
83	170203	1702030000	累计摊销—商标权
84	170204	1702040000	累计摊销—著作权
85	170205	1702050000	累计摊销—土地使用权
86	170206	1702060000	累计摊销—软件
87	170298	1702070000	累计摊销—其他
88	1703	1703000000	无形资产减值准备
89	170301	1703010000	无形资产减值准备—专利权
90	170302	1703020000	无形资产减值准备—非专利技术
91	170303	1703030000	无形资产减值准备—商标权

续表

序号	管控简化后科目编码	SAP 简化后科目编码	会计科目名称
92	170304	1703040000	无形资产减值准备—著作权
93	170305	1703050000	无形资产减值准备—土地使用权
94	170306	1703060000	无形资产减值准备—软件
95	170398	1703980000	无形资产减值准备—其他
96	2201	2201000000	应付票据
97	220101	2201010000	应付票据—商业承兑汇票
98	220102	2201020000	应付票据—银行承兑汇票
99	2202	2202000000	应付账款
100	220201	2202010000	应付账款—往来统驭
101	220202	2202020000	应付账款—应付暂估款
102	220203	2202030000	应付账款—外币评估
103	2221	2221000000	应交税费
104	222101	2221010000	应交税费—应交增值税
105	22210101	2221010100	应交税费—应交增值税—销项税额
106	22210102	2221010200	应交税费—应交增值税—进项税额
107	22210103	2221010300	应交税费—应交增值税—进项税额转出
108	22210104	2221010400	应交税费—应交增值税—已交税金
109	22210105	2221010500	应交税费—应交增值税—出口退税
110	22210106	2221010600	应交税费—应交增值税—出口抵减内销产品应纳税额
111	22210107	2221010700	应交税费—应交增值税—减免税款

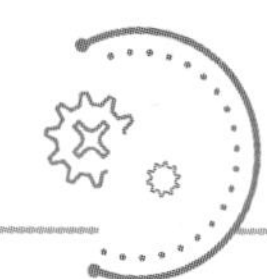

续表

序号	管控简化后科目编码	SAP 简化后科目编码	会计科目名称
112	22210108	2221010800	应交税费—应交增值税—销项税额抵减
113	22210109	2221010900	应交税费—应交增值税—预征税额
114	22210197	2221019700	应交税费—应交增值税—转出多交增值税
115	22210198	2221019800	应交税费—应交增值税—转出未交增值税
116	22210199	2221019900	应交税费—应交增值税—增值税列转
117	2221019901	2221019901	应交税费—应交增值税—增值税列转——销项税额
118	2221019902	2221019902	应交税费—应交增值税—增值税列转——进项税额
119	2221019903	2221019903	应交税费—应交增值税—增值税列转—进项税额转出
120	2221019904	2221019904	应交税费—应交增值税—增值税列转—已交税金
121	2221019905	2221019905	应交税费—应交增值税—增值税列转—减免税款
122	2221019906	2221019906	应交税费—应交增值税—增值税列转—预征税额
123	222102	2221020000	应交税费—未交增值税
124	222104	2221040000	应交税费—应交消费税
125	222105	2221050000	应交税费—应交资源税
126	222106	2221060000	应交税费—应交企业所得税
127	222107	2221070000	应交税费—应交土地增值税
128	222108	2221080000	应交税费—应交城市维护建设税

续表

序号	管控简化后科目编码	SAP 简化后科目编码	会计科目名称
129	222109	2221090000	应交税费—应交房产税
130	222110	2221100000	应交税费—应交城镇土地使用税
131	222111	2221110000	应交税费—应交车船税
132	222112	2221120000	应交税费—应交印花税
133	222113	2221130000	应交税费—应交耕地占用税
134	222114	2221140000	应交税费—应交契税
135	222115	2221150000	应交税费—代扣代缴个人所得税
136	222116	2221160000	应交税费—应交教育费附加
137	222117	2221170000	应交税费—应交地方教育费附加
138	222118	2221180000	应交税费—应交文化事业建设费
139	222119	2221190000	应交税费—应交关税
140	222120	2221200000	应交税费—应交代扣代缴税费
141	222121	2221210000	应交税费—地方水利建设基金
142	222123	2221230000	应交税费—待抵扣进项税额
143	222124	2221240000	应交税费—预交增值税
144	222125	2221250000	应交税费—待认证进项税额
145	222126	2221260000	应交税费—简易计税
146	222127	2221270000	应交税费—转让金融商品应交增值税
147	222128	2221280000	应交税费—代扣代缴增值税
148	222129	2221290000	应交税费—待转销项税额
149	222130	2221300000	应交税费—增值税留抵税额
150	222198	2221980000	应交税费—应交其他税费
151	2243	2243000000	内部往来

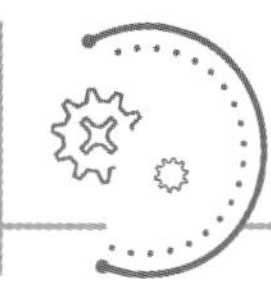

续表

序号	管控简化后科目编码	SAP 简化后科目编码	会计科目名称
152	6602	6602000000	管理费用
153	660226	6602260000	管理费用—研究开发费
154	660299	6602990000	管理费用—管理费用转出
155	9000	9000000000	项目建设成本
156	90000A	90000A0000	项目建设成本—成本
157	900099	9000990000	项目建设成本—转出

2.2　信息化项目的财务核算实操

2.2.1　资本性项目和成本性项目

信息化项目按照资金来源，分为资本性项目和成本性项目。

两者的相同之处在于，均由综合计划下达项目计划、项目预算，项目资金由公司向上级公司申请，上级公司给付现金流资金。项目支出最终以内部往来的形式“还”给上级公司。

两者的不同之处在于资金性质不同。资本性项目的资金性质是资本性资金，项目支出符合一定条件可跨年支出，最终其项目支出将会资本化，即转资形成相应的资产，如固定资产、无形资产；而成本性项目的资金性质是成本性资金，项目支出在同一年度通常不可跨年支出，最终其项目支出将会费用化，即形成相应的成本费用，并不转资成为资产。

2.2.2　项目支出内容

信息化项目建设是从“数据到业务”，其中最核心的转变是业务逻辑的数

字化，将业务与技术相融合并最终实现智能化管理。

信息化项目分为建设项目和实施项目，二者密不可分。

1. 建设项目

（1）数字化硬件建设。数字化建设首先要建设高速网络、开发基于互联网的应用系统等。这些工作可以显著提高数据信息处理能力，维护信息安全。

（2）数字化软件建设。数字化软件建设需要开发具备特定业务功能的软件，包括基础软件、应用软件和专业软件，使企业在运行中具有隔墙的信息处理能力，提升管理水平。

（3）数据挖掘建设。利用数据挖掘技术，分析数字化流程，并根据分析结果，改进数字化管理和运营能力。

（4）系统建设。系统建设是指建立全面完善的管理系统，包括企业的数字化建设、管理、合作、服务等，方便各项业务流程传递，提高工作效率。

2. 实施项目

实施项目是成本性支出，一般包括管理平台、系统的维护管理，测试系统功能、性能等内容。

2.2.3　财务核算简介

为规范电网信息化项目核算的会计确认、计量和报告行为，保证会计信息质量，电网信息化项目的财务核算需要遵循《中华人民共和国会计法》《企业会计准则》《企业会计准则——应用指南》《企业财务通则》《国家电网公司会计核算办法》及其他相关法律、法规、政策及规定的相关要求，还需要结合国家电网公司多维精益管理变革体系及工程财务管理的相关要求，建立符合上述要求的工程财务核算体系。围绕电网信息化项目的整体核算业务，使用会计科目体系进行核算处理，并编制相应的财务报告。

根据电网信息化项目的资金性质不同，项目分为成本性项目和资本性项目。每类项目有相对独立的业务流程，每类业务流程中各个环节有对应的核算会计分录。

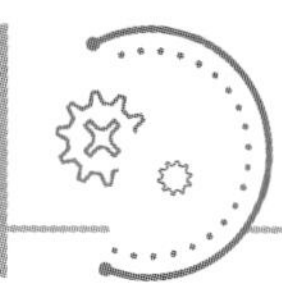

2.2.4 各阶段财务确认

因 SAP 系统将业务操作与财务入账动作紧密相连，所以信息化项目的业务操作带来相应的财务核算。相关信息如下。

1. 服务确认、入库、出库

成本性项目通常内容为购买服务，服务到一定进度后，业务部门进行服务确认。

（1）电网信息化项目发票校验服务确认是服务类采购专用的操作，指的是业务部门在发票到达、到货或者服务期到达一定进度后在系统中进行服务确认的操作。业务部门进行服务确认时操作如下。

借：管理费用—研究开发费。

贷：应付账款—应付暂估。

（2）资本性项目也会购买服务，业务部门进行服务确认时操作如下。

借：项目建设成本—成本，此为中转科目，月末结平，相关辅助核算维度是项目编码、项目名称。

贷：应付账款—应付暂估。

（3）电网信息化资本性项目涉及购买设备物资，分为两种形式：①由物资公司统一购买，由物资公司操作入账、付款；②公司自主采购并操作入账、付款。

1）物资统签部分，业务部门进行入库操作时，产生的账务处理操作如下。

借：工程物资。

贷：内部往来。

2）出库动作时，操作如下。

借：项目建设成本—成本。

贷：工程物资。

3）购买的设备物资如果是以公司分签形式购买，业务部门进行入库时，产生的账务处理操作如下。

借：工程物资。

贷：应付账款—应付暂估。

4）业务部门进行出库操作时，产生的账务处理如下：

借：项目建设成本—成本。

贷：工程物资。

2. 发票校验及资金支付

（1）不论成本性项目还是资本性项目，财务部门进行发票校验及资金支付时的核算方式是一致的，操作如下。

借：应付账款—应付暂估；应交税费—应交增值税—进项税额。相关辅助核算维度是税率、税项。

贷：应付账款—往来统驭。相关辅助核算维度是工程款或者物资款、供应商名称。

（2）财务部门进行资金支付时操作如下。

借：应付账款—往来统驭。相关辅助核算维度是工程款或者物资款、供应商名称。

贷：银行存款。

（3）如使用汇票支付，则账务处理操作如下。

借：应付账款—往来统驭。相关辅助核算维度是工程款或者物资款、供应商名称。

贷：应付票据。

3. 月末结转项目成本

成本性项目无须进行月末结转，资本性项目要通过“项目建设成本”科目结转。此部分结转由财务部门进行操作，具体如下。

借：在建工程—其他工程支出。相关辅助核算维度是项目编码、项目名称。

贷：项目建设成本——转出。相关辅助核算维度是项目编码、项目名称。

4. 转资、资产后续处理

成本性项目不涉及转资。资本性项目涉及转资操作。

在前端业务部门结束转资系统操作步骤后，财务部门进行转资时操作如下。

借：固定资产\无形资产。

贷：在建工程—其他工程支出。

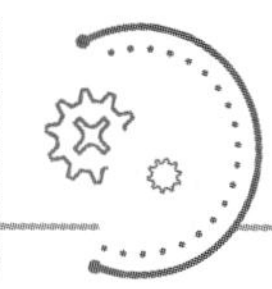

2.3 财务预算和工程预算的含义和作用

2.3.1 预算的含义和作用

1. 预算的含义

预算是企业的经营计划和内部控制工具。通过预算，企业可以在一段时间为对资源的运用和目标的达成提供量化的运营计划。预算通常以年度为单位编制，如常见的年度销售预算、成本预算、采购预算等。

2. 预算的作用

以相对长远的眼光来看待企业发展，将各项收支以量化的形式展示在预算中；通常需要各层级和部门交流情况、相互协调，了解各自在实现整体目标中的作用；建立了标准和绩效考核指标，以测量完成整体目标的进度，对于产生的差异及时反馈，据此予以纠正或改进；可用于员工绩效的考核，将整体预算的指标分解到负责人。

3. 财务预算的含义

财务预算是集中反映未来一定期间（预算年度）现金收支、经营成果和财务状况的预算。财务预算是企业经营预算的重要组成部分，其内容一般包括“现金预算”“预计损益表”和“预计资金平衡表（预计资产负债表）”。其中现金预算反映企业在预算期内，由于生产经营和投资活动所引起的现金收入、现金支出和现金余缺情况，预计损益表反映企业在预算期内的经营业绩，即销售收入、变动成本、固定成本和税后净收益等构成情况；预计资金平衡表反映企业在预算期末的财务状况，即资金来源和资金占用以及它们各自的构成情况。

4. 财务预算的作用

财务预算是反映某一方面财务活动的预算，如：反映现金收支活动的现金预算；反映销售收入的销售预算；反映成本、费用支出的生产费用预算（又包括直接材料预算、直接人工预算、制造费用预算）、期间费用预算；反映资本支出活动的资本预算等。

综合预算是反映财务活动总体情况的预算，如反映财务状况的预计资产负债表、预计财务状况变动表，反映财务成果的预计损益表。

上述各种预算间存在下列关系：销售预算是各种预算的编制起点，它构成生产费用预算、期间费用预算、现金预算和资本预算的编制基础；现金预算是销售预算、生产费用预算、期间费用预算和资本预算中有关现金收支的汇总。

预算损益表要根据销售预算、生产费用预算、期间费用预算、现金预算编制；预计资产负债表要根据期初资产负债表和销售、生产费用、资本等预算编制；预计财务状况表则主要根据预计资产负债表和预计损益表编制。

2.3.2 财务预算的构成

财务预算包含预计资产负债表、预计利润表、预计利润分配表、预计现金流量表。

1. 预计资产负债表

预计资产负债表是总括反映预算期内企业财务状况的一种财务预算，它是以期初资产负债表为基础，根据销售、生产、资本等预算的有关数据加以调整编制的。

2. 预计利润表

预计利润表是综合反映预算期内企业经营活动成果的一种财务预算，它是根据销售、产品成本、费用等预算的有关资料编制的。

3. 预计利润分配表

利润分配表是反映企业一定期间对实现净利润的分配或亏损弥补的会计报表，是利润表的附表，说明利润表上反映的净利润的分配去向。利润分配表包括在年度会计报表中，是利润表的附表。通过利润分配表，可以了解企业实现净利润的分配情况或亏损的弥补情况，了解利润分配的构成，以及年末未分配利润的数据。

公司向股东分派股利，应按一定的顺序进行。按照我国公司法的有关规定，利润分配应按下列顺序进行。

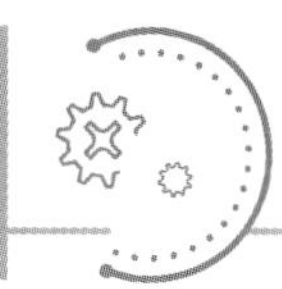

第一步，计算可供分配的利润。将净利润（或亏损）与未分配利润（或亏损）合并，计算出可供分配的利润。如果可供分配的利润为负数（即亏损），则不能进行后续分配；如果可供分配的利润为正数（即累计盈利），则进行后续分配。

第二步，计提法定盈余公积金。按抵减年初累计亏损后的净利润计提法定盈余公积金。提取盈余公积金的基数，不是可供分配的利润，也不一定是的税后利润。只有不存在年初累计亏损时，才能按税后利润计算应提取数。这种“补亏”是按账面数字进行的，与所得税法的亏损后转无关，关键在于不能用资本发放股利，也不能在没有累计盈余的情况下提取盈余公积金。

第三步，计提公益金。即按上述步骤以同样的基数计提公益金。

第四步，计提任意盈余公积金。

第五步，向股东（投资者）支付股利（分配利润）。

公司股东大会或董事会违反上述利润分配顺序，在抵补亏损和提取法定盈余公积金、公益金之前向股东分配利润的，必须将违反规定发放的利润退还公司。

4. 预计现金流量表

预计现金流量表是反映企业一定期间现金流入与现金流出情况的一种财务预算，它是从现金的流入和流出两个方面，揭示企业一定期间经营活动、投资活动和筹资活动所产生的现金流量。

2.3.3　工程预算的含义和作用

电网信息化项目是工程项目，其预算具有工程项目的特征，并非单纯的财务预算。

1. 工程预算的定义

工程预算是对工程项目在未来一定时期内的收入和支出情况所做的计划，它可以通过货币形式来对工程项目的投入进行评价并反映工程的经济效果。

工程预算是加强企业管理、实行经济核算、考核工程成本、编制施工计划的依据，也是工程招投标报价和确定工程造价的主要依据。

2. 工程预算的作用

（1）确保工程造价的科学性。在工程造价控制工作中工程预算为起点，先后经历计算、评价等过程，最终编订成相应的工程文件。当所设计的预算经相关部门批准后，便可编订成为投资计划书，成为签订合同和贷款合同的基础。另外，合理工程预算的开展对于保证施工工程科学性来说具有重要的作用，能够为施工工程及产品的资金运作计划建立完备档案。因此，工程预算也是投资者确立投资意向及企业之间签订合同的重要基础。在建筑工程预算确立后，经国家相关部门审核若科学、合理，便可由银行发放贷款，通常数额不超过设计定额。

（2）有助于编制建筑施工设计图。建筑施工设计图的预算主要是指在设计施工图阶段，对预期成本进行计算和评估的过程。编制施工图预算的过程，先要依照国家工程量规则，对所批准的图纸进行工程量的计算；然后按照各预算定额统计直接费用、间接费用；最后通过这些数值得出工程成本，并得出技术经济指标。另外，项目投标的报价及资金的结算两个过程的顺利完成是企业确立成本评估的前提。

（3）保障建筑工程成本的合理性。工程造价控制中工程预算的有效进行是在科学施工设计图的基础上开展的，科学施工设计图的完成需要将施工图纸、规范的组织设计和各工程计算费用有效结合。在建筑工程成本的预算过程中，要以定量的对材料、金额、劳动量和机械设备等进行表示。可以说，建筑工程预算是对材料、金额、劳动量和机械设备的具体计算。科学的工程预算能够保障建筑工程成本的合理性，而科学施工设计图则能保证工程预算的准确性。

2.4 信息化项目的全过程预算管理

电网信息化项目统以“分类管理、分级负责”的原则对项目预算进行管理。电力企业信息化项目可以是一级企业统一组织建设项目，也可以是二级企业独立组织建设项目。一级企业统一组织建设项目包含由一级企业统筹业务共性需求，统一提出建设管理要求，统一组织开展可研、采购等相关工作，在一级企

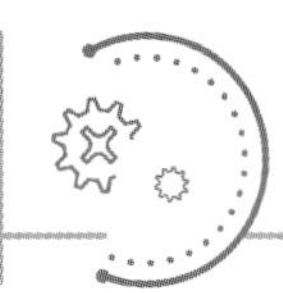

业系统内全部或部分单位推广应用的项目。二级企业独立组织建设项目包含按照二级企业统一要求，为满足各单位个性化需求，由二级企业独立组织开展立项、建设等工作的项目。

电力企业信息化项目的预算管理由项目储备、综合计划下达、项目预算编制、项目预算执行等一系列过程组成。

电力企业信息化项目的预算管理的流程，通常从业务部门进行项目储备开始，储备完成后，发展部下达综合计划，然后财务部门根据综合计划编制项目预算，并进行发布，项目各类支出入账就是项目预算执行，支出结束后，此流程结束。电力企业信息化项目的预算管理流程如图 2-1 所示。

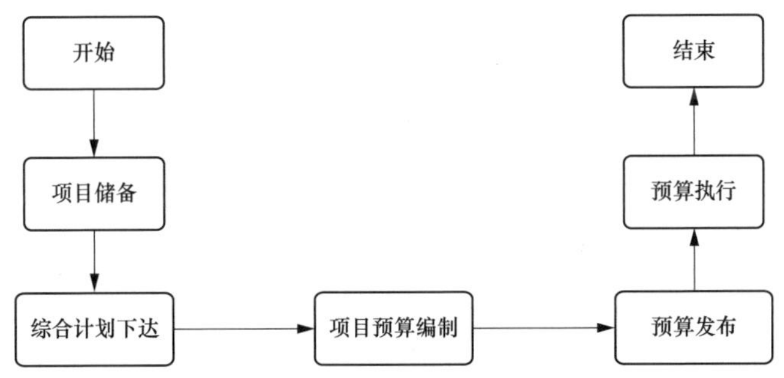

图 2-1　电力企业信息化项目的预算管理流程

2.4.1　应用系统介绍

电网企业的信息化发展走在前列，工程财务管理使用的系统通常包括统一项目储备库管理系统、财务管控系统、SAP 系统等。下面简单介绍一下各个系统。

1. 统一项目储备库管理系统

统一项目储备库管理系统主要支撑项目前期、项目可研、项目储备、项目预算或者计划、项目执行分析的全过程管理，实现一级部署多级应用模式，覆盖国网公司电网基建、信息化投入等 16 类专项。实现了项目储备录入统一，建立横向跨部门、纵向跨层级的项目储备在线审核，审核流程可视化配置及流程的跟踪记录查阅；实现了无储备不纳入预算的要求，平台的储备项目作为预算编制的唯一来源；实现项目预算审核、预算调整、打包等项目预算拆分，保证了预算按

包下达、逐步分解为可执行项目等特殊业务的预算发布，满足预算编制、下达、执行等各环节的管理；实现项目执行信息的展示；实现按单位、按专项等多维度的查询与统计。统一项目储备库管理系统登录界面如图 2–2 所示。

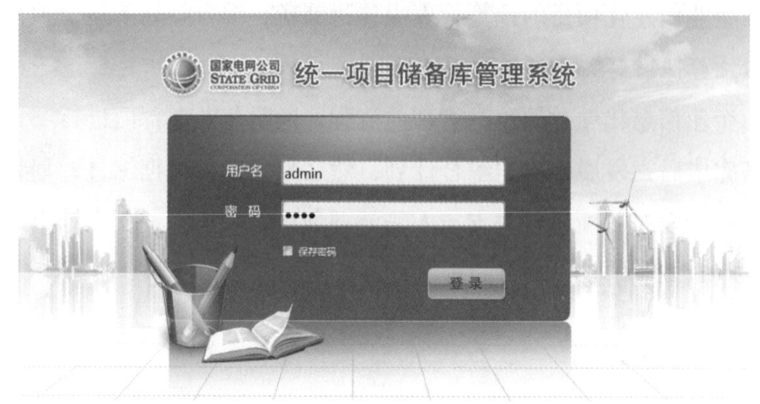

图 2–2　统一项目储备库管理系统登录界面

2. 财务管控系统

按照国家电网公司“SG186”工程的总体部署，以价值链管理为核心，以财务管理需求为前提，以标准化建设为先导，全面应用成熟套装软件的财务功能，开发了建设财务管控模块，构建横向集成、纵向贯通、高度融合的财务管控系统。

财务管控系统自上而下，稳步推进，不断提升财务管理手段，推动财务管理现代化，助力公司发展再上新台阶。实施单位范围覆盖国家电网公司母公司范围及合并口径的全部单位，即网省公司、地市公司、县公司以及相关产权单位。

财务管控系统的业务内容主要包括集团账务、预算编制、资金监控、产权管理、电价管理、税务管理、报表管理、评价稽核、综合管理等九大模块。财务管控模块登录界面如图 2–3 所示。

图 2–3　财务管控模块登录界面

3.SAP 系统

“十三五”期间，国网冀北电力有限公司信息化建设取得了长足的发展，公司

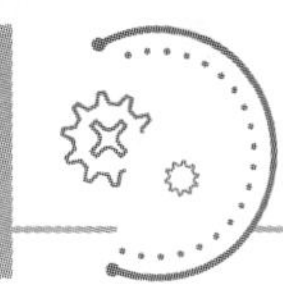

上下认真贯彻落实科学发展观，充分借鉴国际先进理念和最佳实践，全面推进信息化建设工作并取得显著工作成效，逐步建成以一级部署 SAP 系统为核心系统，基本覆盖大规划、大建设、大运行、大检修、大营销等电网主要业务、人财物集约化管理，并初步形成一体化平台。“两级调度、三层检修、一体化运行”的信息系统调度运行体系架构成为国网冀北电力有限公司“三集五大”体系建设的重要支撑和保障。SAP 系统登录首页界面如图 2-4 所示。

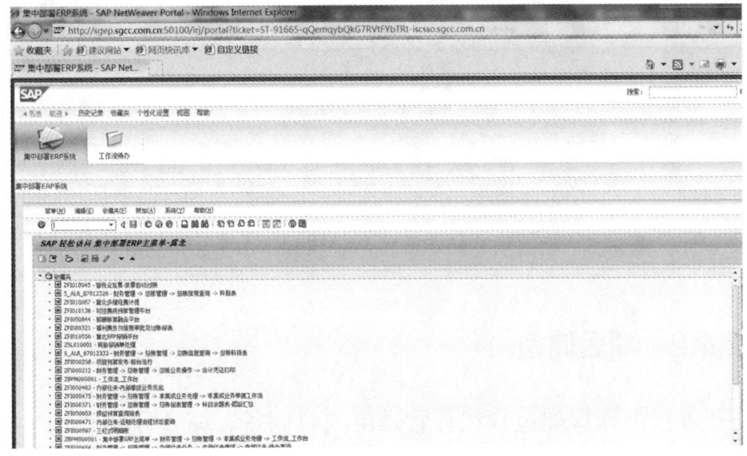

图 2-4　SAP 系统登录首页界面

4. 项目预算闭环管理系统

目前，公司级项目管理平台包含统一项目储备库管理系统，后续根据数字化的进一步发展，还将陆续开发。公司级项目管理平台（即统一项目储备库管理系统）、财务管控系统以及套装软件（即 SAP 系统），三者合一组成了项目预算闭环管理系统。此系统和 MDM 平台进行对外数据交互，实现项目预算的闭环管理。项目预算闭环管理系统包含项目下达、预算编制、预算发布，以及具体项目采购方面的信息集成。项目预算闭环管理系统与 MDM 平台交互数据如图 2-5 所示。

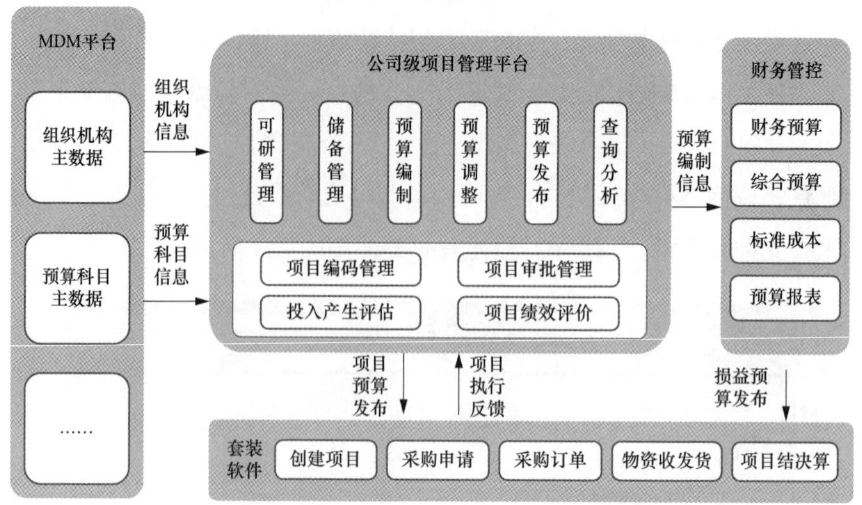

图 2-5 项目预算闭环管理系统与 MDM 平台交互数据

2.4.2 项目储备

项目全过程预算管理包含预算管理由项目储备、综合计划下达、项目预算编制、项目预算执行 4 个环节，本部分介绍项目储备。

1. 项目储备条件

一级企业相关业务部门组织建立、维护电力企业信息化项目储备库平台，并组织提前筹备电力企业信息化项目储备相关工作。为确保每个项目实施的必要性，规避项目冗余，需检查满足以下 3 个条件，即可纳入信息化项目储备库管理。

（1）需提前筹划数字化筹划确定项目任务。

（2）是电力企业集中部署的数字化重点工作项目。

（3）为确保项目实施的规划实施，按照项目进度分年分解实施项目的下一年度任务。

2. 项目储备审核

为保证项目效益最大化，各项目需求方所申报的电力企业信息化项目需求须与电力企业信息化项目范围密切相关。项目需求方在申报项目时要防止项目重复申请、多途径重复立项的情况，并且不能将没有直接联系的、不同项目性

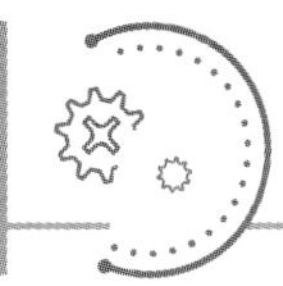

质的多个自主建设项目打包建为一个项目，同样，原则上也不得将一个独立项目性质的项目分解成多个项目。

电力企业信息化项目储备要从需求分析、可研报告编制、评审、批复 4 个方面进行专业审查，唯有完成可研报告评审和可研报告批复的电力企业信息化项目才能纳入储备。

（1）储备必须合理规范。电力企业信息化项目储备要注重资金效率和社会综合效益，严格按照工作规范开展。

（2）储备需要需求分析。电力企业信息化项目需求分析应从业务需求出发，评估项目历史成效、安全需求和数据需求等方面作充分分析，深刻了解现状，审核项目需求的广度和深度。项目需求方需提交电力企业信息化项目符合现实义务的需求数据、可靠的需求分析报告。电力企业业务部门要按照电力企业信息化项目需求规划原则开展项目范围内的初审，并组织相关专业单位协助一级企业业务部门开展专业性的项目评估，第一次项目审核通过的项目提报一级企业业务部门进行需求统筹。经一级企业批准建设的项目方可进行项目可研报告编制。

（3）储备需要编制可研报告。电力企业电网信息化项目可研阶段是项目执行前的重要工作阶段，可研报告是项目评审、项目批复、项目立项的重要依据，需综合论证项目建设的必要性、可行性、经济合理性、技术先进性和适应性。

（4）储备需要评审项目。电力企业具有经济技术研究资质的公司，对电力企业独立组织建设的信息化项目进行全方位的从可研报告、项目设计方案等资料进行评价审核。电力企业专业部门组单独组建专家评审库，并依据项目分类抽取评审专家进行抽审。

储备项目经项目归口管理部门与财务部门联合审查通过后，传递至电力一级企业进行审核后，纳入统一项目储备库管理系统。

2.4.3　综合计划下达

项目储备由项目归口管理部门牵头进行储备管理，项目企业在上年进行储备项目申请，经过一系列项目审批后，项目进入储备库平台，项目在本年下达时，

已进入储备库的项目是综合计划的基础。

综合计划下达是项目执行的必要条件。综合计划下达后，项目必须导入 ERP 系统进行项目建设。建项后才能进行项目预算匹配，进而开始项目发票入账等操作环节。

电力企业信息化项目的综合计划，上一年度由上级企业相关职能部门对项目进行规范审核、储备后，本年下达至项目企业。

项目综合计划一般情况下不予调整，如业务需求必须调整的，需重新履行企业重大决策程序。其中对于项目中标金额与综合计划下达值偏差大于 10% 以上的属于综合计划必须调整范围，需要在合同签订后及时报备上级单位专业管理部门进行备案。

由于实际业务需要增加项目的，须统一完成可研报告审查及批复流程；调减项目须报送企业专业部门进行审批确认。

项目调整需根据电力企业综合计划调整安排及时开展，并报送本单位归口管理部门及财务部进行综合计划及预算调整，同步开展储备库平台及业务专业系统的数据调整。确保综合计划数据线上、线下保持一致。

2.4.4 预算编制

切实加强预算工作组织、健全完善预算责任部门的联动机制，细化职责分工，强化业务协同，综合计划下达项目下达后，为方便项目执行管理，项目录入系统后赋予综合计划、预算等字段控制，便于在系统中实时获取项目信息，了解项目执行进度。电力企业信息化项目综合计划与项目预算的执行进度原则上保持一致。统筹做好编前业务预算口径需求备案、量身细化编制总体原则是业财协同保障预算编制结果，精准编报确保项目入账的前提条件。

综合计划中将信息化项目分为资本性与成本性两大类，资本性项目最终转换为无形资产或固定资产，成本性项目为项目提供技术支持服务，最终计入营业成本。由于项目性质不同，在日常生产中所需展示字段差异，成本性项目一般为当期项目，项目时间跨度短、金额低、没有复杂的结转过程，仅需展示项目当期预算及消耗情况，而一般情况下资本性项目执行期间为 2~3 年，项目时

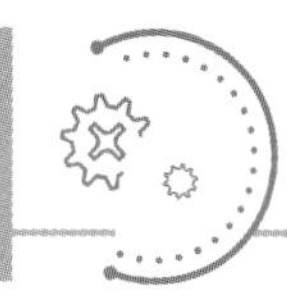

间跨度长，金额高，项目执行过程中还需涉及项目转资环节，需将累积下达综合计划及执行情况的详细展示，资本项目与成本性项目在不同系统中进行项目数据维护。

1. 成本性项目预算编制

公司使用国家电网统一项目储备库管理系统作为成本性信息化项目的预算编制系统。成本性电网信息化项目的预算编制管理主要步骤在统一项目储备库管理系统中进行。

总体来说，成本性的电网信息化项目的预算编制管理流程如下。

（1）综合计划下达后，由项目归口管理部门牵头，将综合计划提供给财务部门作为项目立项依据，同时实际执行项目的业务部门进行预算草案编制。

（2）财务部门进行预算草案审核。财务部门根据归口管理部门提供的综合计划，与业务部门逐项核实项目预算数据后，在统一项目储备库管理系统中录入预算数据，提交上级部门的预算专责岗审核。

（3）上级部门预算专责岗对预算草案进行审核。项目预算是由上级企业的预算管理专责使用 ERP 系统向项目企业分配，使用的是可控费用预算管理平台预算下达管理功能，是上级企业向项目企业分配项目初始预算的流程，由上级企业预算管理专责操作。

（4）审核通过后，系统中和线下同时形成项目预算备案。

（5）预算经上级部门审核通过后，财务部门在系统中进行预算发布。

（6）项目建项。财务部门通知业务部门在 SAP 系统中做项目固化建项。

成本性电网信息化项目预算编制管理流程如图 2-6 所示。

项目建项完成后，业务部门并不能直接使用该项目，必须进行项目预算下达，项目才能启动发票入账等后续环节。业务部门通知财务部门进行预算发布，项目预算一经发布，业务部门便可开展项目活动。项目执行情况在 SAP 系统中实时可查。

在统一储备库平台预算下达、分解及预算调整功能，编制后在 SAP 系统直接进行预算下达、分解及调整。同时，增加损益预算查询报表，可按项目与非项目维度查询损益预算执行情况。

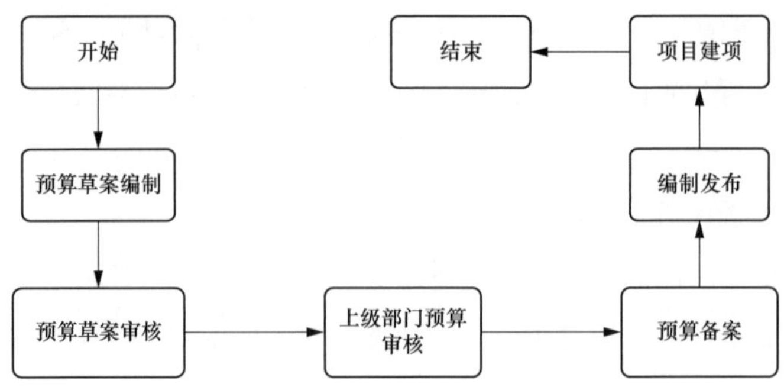

图 2-6　成本性电网信息化项目预算编制管理流程

2. 资本性项目预算编制

资本性信息化项目的预算编制涉及财务管控系统、统一项目储备库管理系统。

资本性电网信息化项目的综合计划下达后，由项目归口管理部门牵头，将综合计划提供给财务部门作为项目立项依据。财务部门根据归口管理部门提供的综合计划，与业务部门逐项核实项目预算数据，在财务管控系统中进行填报。财务管控系统中相关填报模块如图 2-7 所示。

图 2-7　财务管控系统中相关填报模块

财务部门主要进行以下操作。

（1）在财务管控系统中获取储备项目信息维护项目基础数据，如项目起

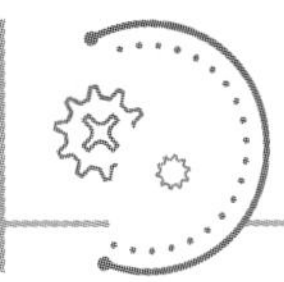

止年份，项目本年投资计划，总投资计划等字段。

（2）在财务管控预算编制微应用中维护项目预算数据（总投资预算与年度预算），如当年可用预算、累积项目执行等字段。

（3）如项目是结转项目，项目投资计划已全部下达，实际建设周期还未停止，需一并编制项目预算，确保项目执行不冒、不漏。

（4）将编制好项目预算编制数据发布到统一项目储备库管理系统，再发布至 SAP 系统中做项目固化建项。新建项目需做项目建项操作，续建、结转项目由于在项目下达第一年已做建项，项目在系统中已存在，故无须重复建项。业务部门通知财务部门进行预算发布，项目预算一经发布，业务部门便可开展项目活动。项目执行情况在 SAP 系统中实时可查。

2.4.5　预算发布

年度投资预算与总投资预算一并在 SAP 系统发布后，才能确保项目正常执行。

财务人员将项目总投资预算及年度预算同时从财务管控预算编制微应用中推送至统一储备库平台，由系统管理员推送至 SAP 系统，此时总投资预算已发布，年度预算须等 SAP 系统中做好项目固化建项后再次在 SAP 系统做年度预算发布操作，系统 SAP 系统显示预算发布成功后业务部门便可开展招标采购、入账等项目活动。SAP 系统项目预算及零星调整发布如图 2–8 所示。

图 2–8　SAP 系统项目预算及零星调整发布

项目预算下达后，财务部将通知项目管理部门进行项目支出。

项目获得初始预算后，公司项目预算专责应将项目预算分配至所属各级单位，如无所属单位，则无须分解。

2.4.6 预算执行

1. 执行中的预算控制规则

为保证电力企业信息化项目在执行过程中不冒、不漏，预算支出需要进行管控，做到“无预算，不支出”。

预算控制主要由系统完成，形成系统防控。涉及财务管控系统、SAP 系统。

在财务管控系统、SAP 系统中的管控字段及金额控制范围如下。

（1）财务管控系统中对预算金额的控制及推送至 SAP 字段的控制原则。预算编制、调整时，控制原则为

总投资预算（不含税）≥工程成本（已发生）+ 年度预算（不含税）

总投资预算（含税）≥工程成本（已发生）+ 累计抵扣增值税 + 年度预算（含税）

总投资预算（含税）≤项目总投入

（2）SAP 系统中按项目类别项目支出校验控制原则（支出主要在 SAP 系统中控制）为

概算总投资（含税）≥承诺（所有年度采购申请 + 所有年度采购订单）+ 累计实际支出（不含税）

年度预算不含税 ×115% ≥本年承诺（申请 + 订单）+ 本年实际支出（不含税）

2. 执行中的预算调整

电网信息化专项计划经综合计划下达后，原则上不作调整，如因不可抗力、国家政策调整、上级公司决策或工作方向调整等因素影响必须调整的，须按上级公司综合计划调整要求履行必要的审批程序。

《电网企业全面预算管理办法》中规定，“关于项目预算执行过程中，在不超公司下达总体投资规模、各专业分类投资总规模及单个项目概算的前提下，可将单个项目年度预算控制阈值提高到 115%”。

电网信息化项目因招标投入变化或其他必要原因，为保障项目规范执行需调增相应年度预算阈值。

业务部门需要调整预算时，向项目归口管理部门申请调整预算，相关调整需经过业务部门、项目管理部门、分管领导的三层审核审批，方可生效。财务部门根据生效的调整后预算，统一在系统中做项目信息及预算调整，确保项目执行与专业要求高度统一。

按照项目管理及预算相关规范性要求，项目归口管理部门、财务部门、业务部门有序协同完成项目后续执行入账工作。

电网信息化项目实施阶段的财务管理

3.1 实施阶段内容和特点

3.1.1 实施阶段概述

国家电网公司确立了建设具有中国特色国际领先的能源互联网企业的战略目标，为配合公司的发展战略，财务部着力推动了以下工作：推进财务管理创新与数字化转型，建设国际领先的财务管理体系；坚持数智驱动，推动资金、价格、预算、成本、工程财务和税务等方面。精益管理、数字管理转变；打通数据壁垒，激活数据价值，推动财务管理体系数智化转型升级。

自 2018 年以来，具有“大财务”职能架构的国家电网公司财务部审时度势，把握“数字化、网络化、智能化”融合发展契机，应用“大、云、物、移、智、链”等关键技术，在构建公司敏捷前台、精益中台和创新后台的基础上，深度

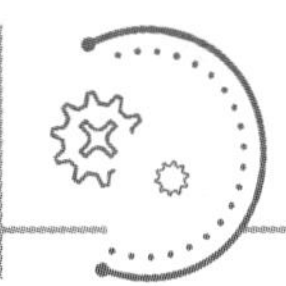

业财融合，彰显公司“一体四翼”发展战略，创新性地设计与实施了一系列几乎涵盖国家电网财务管理全部重点议题的数字化应用场景，已系统构成有效运作的财务数字化管理体系的国网模式。

3.1.2 实施阶段内容

电网公司在数字化转型的驱使下，以管理及业务变革为牵引，以数字化技术升级为基础和保障，以解决业务痛点为核心，在各大业务领域提出更高目标，促进公司数字化转型建设持续深化。具体来说，电网公司以强化数据赋能、数字应用创新、加强技术管控、促进省地协同、提升安全保障等工作要求，全力推进数字化建设，具体来讲有以下几点。

1. 聚焦四大关键点，建立精准可靠、全面兼顾的网络安全管理体系

电网作为关系国计民生和国家能源安全的重要基础设施，其网络安全至关重要。对此，为有效应对当前面临的网络安全风险，电网公司通过聚焦安全“三同步”技术管控、关键信息基础设施供应链安全、新技术安全扩展、规范密码应用和管理四大关键点，强化网络安全基础防护，并梳理网络安全风险点，优化现有的技防和管理措施，从而建立以数字化技术为抓手、责任清晰、传统安全和非传统安全兼顾的、贯穿各领域和全过程的网络安全管理体系。

（1）把电网企业网络安全作为一个系统的工程，将网络安全管理工作贯穿于电网公司业务的各领域和全过程，实现网络安全管理在业务领域全覆盖、流程环节全覆盖、生产要素全覆盖。

（2）进一步完善网络安全责任体系，强化全员参与，力求权责明晰。另外，公司不仅要严格贯彻网络安全指导战略，严格把控并认真排查目前电网网络安全工作现状及其存在的主要问题，还要落实“管业务必须管安全”“谁主管谁负责”“属地管理”要求，使全员明确网络安全的重要性。同时，在电网网络安全工作实施过程中，相关责任人要明确网络安全保护、日常运营、监督管理、监督检查等工作职责。比如，通过完善内部绩效考核机制，以对公司负责人的年终绩效考核为标准，对因监管不力引发各种网络安全隐患的直接责任人进行

严格的扣分处理。

（3）深化数字化技术手段在网络安全管理工作中的应用。比如，公司要依托大数据、人工智能技术的创新性应用，在网络安全防护、数据安全管理、辅助决策、态势分析、信息审查、智能安防、金融风险控制、舆情监测等网络信息安全及社会公共安全领域，实现对各类安全风险的监测识别、根因分析、追踪溯源、影响判断和处置手段分析，强化网络自主、动态防御能力。此外，运用拟态安全、零信任安全等技术，推动网络安全策略由“边界防护”向“内生安全”及“角色控制”转变，满足“内外兼顾”的网络安全保障新需求。

2. 以服务中台为基础，创新信息化项目管控机制

在企业信息化项目研发上，电网公司一方面要加强项目开发全过程的技术管控，建立起封闭式攻关机制、全流程管控机制和集中审查机制，从而实现对项目开发“科研阶段——需求设计阶段——开发实施阶段——试运行阶段”的全过程技术管控；另一方面，电网公司要通过整合数据、产品和技术，形成强大的共享服务层，并且要支持前台部门的业务发展，完成以项目为核心的传统项目制模式向以“产业 + 服务”为核心的产品制模式转变，同时还要建立起敏捷的数字化研发机制，增强项目开发的不确定性和迭代性，促使项目开发模式更注重项目响应力和业务成效，并有效提升整个项目团队的自主决策能力以及团队之间的信息共享能力、业务协同能力和经验沉淀能力。

3. 构建三级协同运维模式，实现运维服务的闭环管控

针对公司电网业务中问题解决效率低、问题解决质量差的问题，电网公司在数字化运维管理体系上构建了“前台——中台——后台”的三级协同运维服务工作机制，实现用户问题的统一受理、研判分析、高效处理和闭环管控。具体来说，在企业数字化技术资源和数字化业务资源充分整合的情况下，企业运维服务前台人员将会及时反馈、提报项目运维服务管理中存在的问题。运维服务中台人员在收到问题反馈后，会通过对问题进行分类处理、提供技术支持，将同类问题进行分析提炼后，反馈给运维服务后台人员。同时帮助后台人员优化项目需求，并有效规避电网业务中的各类问题，最终提升电网整体服务性能，使电网规划更加科学、合理、经济。

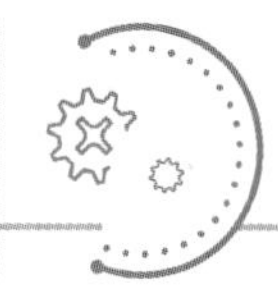

4. 构建数据治理与数据运营双轮驱动模式，实现数据价值创造

电网资产数据具有体量大、实时性高、时效性强、社会价值高四大特征，对分析社会经济运行态势、企业生产、个人消费情况具有很强的参考价值，应用前景十分广阔。在数据资产管理体系上，电网公司要通过构建数据治理与数据运营双轮驱动模式，对海量数据进行采集、计算、存储、加工，从而形成大数据资产层，为客户提供高效服务。在数据采集方面，电网公司应以“采集代替录入”“一次生成多方应用”等新技术、新模式加强数据治理，保障数据质量。在数据认责方面，电网公司要制定数据定责标准与流程规范，如通过“核对→录入→审核”的全流程管控、相互监督，构建全面的、可追溯的数据认责、追责机制，从而全面提升数据质量，确保数据的真实、准确、规范。在数据应用开发方面，电网公司应基于数据中台开发创新数据应用。在数据共享开放方面，电网公司要积极探索数据资产定价方法，以构建数据市场价格机制，实现数据的多种形态开放应用及对外交易，从而构造数据对外运营新业态，释放电力能源的数据价值。

3.2　成本管理中财务需要注意的问题

3.2.1　成本管理的定义及原则

1. 成本管理的定义

成本管理是企业为实现既定成本目标所实施的一系列成本控制措施和管理方法，每个参与成本管理的人在工作职责和权利范围内，进行成本管理事前策划，过程中按计划实施，通过过程跟踪及时发现成本管控中存在的不足，及时提出解决办法，事后再进行总结分析，最终为企业实现项目成本目标的一系列管控措施。

2. 成本管理的原则

（1）全面性原则。全面性原则是项目成本管理的首要原则，主要体现在

以下两个方面。

1）针对工程项目施工全过程进行成本控制，比如招投标、合同签订、工程预算、施工阶段、结算阶段、保修阶段等。

2）进行全员成本控制，注重全员参与成本控制，比如项目施工管理人员、材料采购保管人员、劳务班组、质量安全管理人员、投标经营人员、造价人员、财务会计员等。

（2）目标性原则。工程施工项目的主要管理目标包括质量目标、安全目标、成本目标、进度目标，成本目标与其他 3 个目标之间有非常紧密的联系。因此，在目标管理中，形成以质量为主、以安全为先、以进度为纲、以成本为本的目标管理体系。

（3）经济性原则。企业的终极目的之一是谋求利润最大化，就单个项目而言，在条件允许情况下追求利润最大化是成本管理的主要目的。在成本支出方面，要控制不必要的支出，减少弹性支出，杜绝材料浪费，提高材料利用率，通过合理的策划提高生产效率和机械设备使用效率，提高经济效益。

（4）可操作性原则。项目成本控制措施既要立足于国家相关法律法规，也要符合企业和工程项目的实际情况，使成本控制措施科学且具有较大的可操作性，避免因成本控制措施不具有可操作性造成设计变更，反而增加了项目的成本支出。

（5）权责利相结合原则。在企业的成本管理中，所有的参与者都应具有相应的成本管理的权利和责任，并将其权利和责任的执行情况进行绩效考核，考核结构同工资收入挂钩。将成本控制的权责执行情况纳入绩效考核是推动成本管理全员参与的重要措施和手段，既能弥补相关部门和人员在成本控制工作中主动性不足的问题，又能最佳的实现成本管理的全面性。

3.2.2 成本管理的重要性及内容

1. 成本管理的重要性

在我国当下发展形势中，电力企业要想更好的发展，就必须对企业内部加以优化，提高企业的市场竞争能力，而在电力企业进行内部优化的过程中应尤

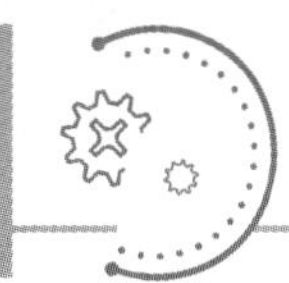

为重视成本的控制与管理。其所发挥的主要作用分析如下。

（1）降低资源浪费程度。

1）更新现代设备。火力发电仍是当下电力企业所使用的主要发电方式，而采取必要的成本管理手段可让企业认识到更新现代设备的重要性。使用的新型设备能够在燃烧中产生比以往更多的热量，不仅提高设备实际发电量，更重要的是减少产生废渣、废气，由此降低电力企业在此方面的管理成本投入，减少不必要的资源浪费。

2）燃料成本控制。电力企业最终产品和区域范围内竞争对手之间对比几乎不存在差别，若想实现成本领先主要是看煤质与入场煤价。因此，怎样获得稳定且价格公道的煤炭供应，对于发电企业成本管理至关重要。

3）实现成本管理科学化。在发展过程中所涉及每一环节，均能减少其资源浪费和成本流失。

（2）提高成本管理质量。对成本管理而言，究其本质主要是提高企业关于成本的控制力度。从某一角度来讲，开展成本管理主要是将企业发展过程中在成本控制方面存在的漏洞作为出发点，通过有关管理手段让成本控制更为精准。若是电力企业能够对成本进行精准控制，那么就能提高其在发展中的稳定性与安全性。另外，因为企业加大对成本的控制力度，可及时发现现行控制制度中的漏洞，进而在健全成本控制制度的同时，提升成本控制水平。

2. 成本管理的内容

依据我国财政部发布的会计规范相关内容，工程项目的成本管理应当包含成本规划、成本核算、成本控制、成本分析和成本考核 5 个方面内容。成本分析与控制贯穿于项目成本管理全过程之中，成本规划作为成本管理的指导性方案选择，对成本核算、控制、分析、考核提供具体参考，成本核算是分析与调整控制方法的基础，实现既定成本目标的有效控制是成本管理的最终目的，成本考核是控制目标成效的总结。具体内容如下。

（1）成本规划，发生在投标与目标成本确定阶段。企业在投标及中标之后，项目管理部门需要采用投标预算与市场价格信息相结合的方法对工程项目总成本水平进行预测和项目评估，制定出项目的控制成本。由于水电施工

项目复杂，周期长，因此成本控制应尽可能地明确到每一个子项目。科学的目标成本的确定，是施工项目实行目标成本管理的基础和重要环节。

（2）成本核算。核算的目的是确定成本管理是否合理，成本支出是否超出计划，并为成本分析打下基础。成本核算是项目管理最根本标志和主要内容，它既是工程项目进行成本控制和预测的依据，也是工程项目进行成本分析和成本考核的基本参考。

（3）成本控制，是成本管理的关键阶段，它要求施工方采取各种手段，如优化施工组织设计，选择最佳施工方案，抓好安全、质量、分包、结算等管理，严格对人工费、材料费、机械使用费、施工管理费进行管理等。总之就是在保证工程质量和安全施工的前提下，追求施工的最大投入产出比。

（4）成本分析，其目的在于寻找施工过程中影响成本升降的因素，或引起成本失去控制的原因，以寻求进一步降低成本的途径。而且通过成本分析也可以间接掌握项目施工中是否有异常出现，从而增强项目成本的透明度和可控性。

（5）成本考核，考核的结果可以反馈给成本预测和成本计划环节，并作为下一个阶段预测和计划的参考，从而不断加强成本管理工作。

3.2.3 成本管理存在的问题及改进措施

财务成本管理是电力企业财务工作的重要组成部分，是关系到电力企业可持续发展的关键。电力企业财务成本控制管理，要根据国家的相关规定，遵守电力企业财经纪律，尽可能地降低电力企业不必要的支出。此外，要注意电力企业在进行财务成本控制时，应正确对待电力企业的经济活动，合理、准确的进行评价，进而促进电力企业效益的增长，实现企业的可持续发展。

1. 成本管理存在的问题

社会和经济的快速发展，使电力企业也呈现出迅猛发展的态势。电力行业作为民生行业，不但受到国家和社会的重视，更因其具有较强的行业垄断性，而渐渐成为影响我国经济发展的重要行业。目前，电力企业已经实行了财务成本控制优化措施。但是，在实际的工作中，电力企业财务成本控制中依然存在

很多较为明显的问题。

（1）成本管理意识淡薄。受国有企业传统管理理念影响，绝大多数员工感觉成本管理工作与自己没有直接的关系，认为成本管理是公司负责人和主管财务工作领导的责任和任务表现为员工对财务控制、成本管理工作的开展不够积极，对成本管理工作的配合程度不高，在生产经营过程中呈现明显的资源浪费现象，从而影响了企业的发展动力和总体战略目标发展。

（2）成本压力增大和电力企业发展的不同步现象。一方面，供电企业作为电力行业中的重要组成部分和关键环节，目前在供电、配电和售电环节中，本身就处于产业链底端位置，且购电价格受到国家电网统一核定，售电价格受当地政府制订政策的影响管控；另一方面，电源结构调整、电力市场建设、资源利用效率不充分问题也不同程度存在，以及建设清洁低碳、安全高效的新一代电力系统的需要与市场发展不充分、结构调整不到位、产业链不协同之间的矛盾，这是新形势下生产关系与生产力不相适应的具体表现。在这种经营环境之下，容易忽视企业成本管理与控制的问题，对市场经济下的企业经营成本缺乏有效分析。尤其现阶段全世界范围内经济增幅放缓，融资成本上升，多数中央企业成本压力增大，经济效益下滑，通过成本管理提升企业效益对企业生产经营保持平稳运行至关重要。

（3）设备保养与维修在供应商选择和管理中存在问题。电力企业在生产经营活动中，为使设备经常保持良好工作状态，必须及时消除设备缺陷，并且保证检修质量，以延长设备使用寿命、节约检修时间及降低检修运维成本。电力企业内部在供应商的选择、供应关系的建立、供应关系的维护与管理、供应关系的评价等一直停留在静态分析的阶段，对不断变化的供应合作关系缺乏动态分析；选择供应商的参考指标多集中在硬指标上，即供应商的市场状况、互补性技巧和财务状况等可以客观评价的指标，而对于软指标即企业的融洽性、可信任性等关注甚少。电力设备的保养与维护需要对供应商进行实时的监督和管理，建立对供应商的绩效考核标准，使企业和供应商实现对整个供应链业务活动的共同责任感和共享利益，同时增加对未来需求的可预见性和可控能力，实现长期的合作共赢关系，使供需计划更加稳定。

（4）成本管理的内部运行制度有待提升。在现行的电力企业运行模式下，企业成本管理的目标刚性比较强，缺乏弹性机制，使得成本管理目标无法很好地发挥标杆作用。基层供电公司执行市级以上公司下达的年度预算任务，缺少一定的灵活性和主动性，并且在各项目预算的执行上，更为突出。由于成本分析未分解层级，大多数供电企业成本分析只停留在各种行业内部指标对比上，缺少系统的分析和深入地挖掘影响成本的潜在因素。具有监督职责的财务管理人员必须加大监督力度，加大预算执行透明度，保证各项成本费用合理顺畅。

（5）成本控制和节能增效没有实现统一。电力企业的成本管理和企业效益的增长是两个不同的指标，由于电力企业电价受市场的影响作用较小，使得成本控制的范围较为狭窄；企业成本控制管理只压缩生产费用的支出，增效降本成效十分有限，特别有些电力企业在建设项目和大修技改项目中盲目投资，对市场可行性没有进行科学合理分析，更没有考虑项目的市场收益情况。

2. 改进措施

电力企业财务成本控制的有效性直接影响到企业的经济效益和社会效益，以及可持续发展。电力企业应重视财务成本控制管理工作，采取有实效性、科学性的策略，促进财务成本控制管理工作的有效开展，进而促进电力企业的进一步发展。改进措施包括以下几点。

（1）增强企业员工成本管理参与意识。在员工数量相对较大的电力企业中，对于成本管理意识的氛围营造至关重要。员工成本意识的普遍建立有赖于领导的提倡、强有力的制度约束、管理人员的以身作则和职工素质的普遍提高，需要适当的利益机制、约束机制和监督机制相配合；同时重视员工在企业中的“主人翁”意识，并作为成本管理及实施的一股力量。成本控制并不是一个人、一个部门就能完成的任务，培养全员成本控制意识，营造全员节约成本的公司氛围，从一点一滴做起，使全体员工都视自己为成本控制的主体，积极主动地参与企业成本控制，形成“人人关注成本，全员献计献策”的公司氛围。电力企业的高层管理人员应该认识到电力行业在当前经济发展中所起的重要作用，

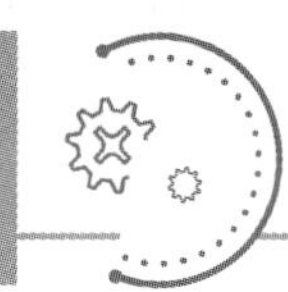

日常工作中加强对于成本管理的宣传和灌输，并运用到日常的财务管理工作中，使最终形成企业成本控制理念贯穿到每一环节意识浓厚的氛围。

（2）加强企业财务管理的现代信息化技术建设。随着经济全球化以及信息技术的高速发展，为财务成本管理工作能更好地促进电力事业的发展，务必积极引进先进的信息技术，从而推动企业管理水平的全面自动化，这也是加强企业财务管理和成本管理、更好地适应市场发展需求的必然趋势，提高工作效率以增强竞争力。具体可以分以下几点出发。

1）加强电力企业的生产、管理信息化基础建设，建立适应自己的信息化系统，根源上处理信息化基础设施的不足。在发展中应重视信息化管理部门，匹配相关先进的设备，高度重视信息系统的日常维护工作，引进和培养专业的工作人员，使财务部门与生产、经营部门实现信息的共享，建立起财务和业务之间的有效联系和沟通。引导财务、生产、采购、营销等相关部门人员沟通与协作，将各项信息准确传输到系统中，进行信息交流与内部信息定期整理，建立起财务和业务之间的有效对接并及时准确传递，有效促进各部门信息共享并互相监督，使企业供、产、销、存得到更有效的管理和控制。

2）企业财务管理的整体水平是由财务管理员能力决定的，普及财务管理人员和成本管理人员的业务技能提升培训，调动职员的积极性和主动性，使其不断更新新的信息化管理理念，提高管理效能和质量，不断拓展财务管理空间。

3）电力企业在发展时要依据各项业务的发展需求，简化财务和成本管理的内部审批流程，将复杂环节进行优化、集成信息，将信息技术和财务成本管理工作融合到一起，有效对财务信息资源进行深度开发，打造现代化的企业信息系统，保证企业的长远有效发展。

（3）建立科学的设备管理体系。大多数工业企业更关注基础设备等的投入，电力企业成本管理的焦点还集中在比重较大的能源采购、设备日常运行维护和定期检修、改造等方面，缺乏技术实力方面的投入。特别在信息化程度越来越高、市场竞争激烈，市场营销、客户需求的研究和维护越来越重要的情况下，只有及时转变思维，调整各项成本支出结构，抓住开拓市场的时机，充分利用

科技创新成果到每条生产线，提高电力企业内部生产效率；同时完善企业内部电力设备管理的组织机构，完善电力设备管理责任机制，建立完善电力设备管理的控制机制，建立完善电力设备管理的激励机制，从而建立健全电力企业设备管理有效的运行机制。

（4）加强财务成本基础管理。电力企业成本管理的前提条件是基础管理，这也是财务成本能够严格管控的保证。

1）建立健全成本管理的各项规章制度。企业要强化成本基础管理工作就要从最基础的做起，把物资、技术、销售、安全等工作都纳入成本规划中，做好各项工作的原始记录资料，并整理归档，以备查阅。

2）树立成本管理的权威性。各级管理层领导对成本管理要给予足够的重视，树立成本管理的权威性，并设置专门的组织机构配备新颖管理型人才负责成本管理相关事务，并宣贯到相关人员也给予高度的重视，形成成本管理和控制的凝聚力。

3）全面预算管理优化策略。企业需大力宣传预算管理理念，对预算管理人员加强培养，完善预算管理体系，加强预算执行力度，注重全过程监督考核，普及预算管理在电力企业管理中的应用。主要从预算编制、预算执行、预算控制等方面入手，确保成本预算目标的实现。

（5）确保公司降本节能增效工作持续推进。为全面落实集团公司建设资源节约型和环境友好型企业的部署和要求，充分发挥财务监督，节约生产经营成本，积极响应“节能降耗”和“成本控制”效能监察。思想是行动的先导，只有从思想上真正起节能的意识，才能使节能成为工作中主动、自觉的行为。始终坚持把科技创新与技术进步作为节约资源、减少能耗、增加效益、降低成本、促进发展的重要手段，按照有利于成本管理和生产、生活的需求，将生产和生活分离，分别进行核算和控制，保障成本管理与节能降耗的有效结合与约束，将节能工作贯彻到基层。

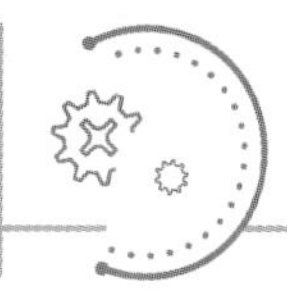

3.3　合同管理中财务需要注意的问题

3.3.1　合同管理的概述、特点及重要性

1. 合同管理的概述

合同管理应该从整体利益出发，对工程中的各个管理部门以及分包单位进行协调，以合同的形式将整个项目在周期中的各个阶段构成一个整体。在项目进行管理时，管理人员依据合同中的内容，将合同目标落实到个人或单位，使其能够积极参与合同管理中的各个环节。由于合同管理是一种连续性的活动，它贯穿于整个工程建设过程中，因此，加强对每个环节的项目管理是实现合同管理的关键。

我国的市场经济属于法治经济，更贴切的说法是契约经济，企业之间的项目往来，以合同形式呈现，因此企业合同管理十分重要。合同管理主要是指以自身为当事人对合同依法进行订立、履行、变更、解除、转让以及审查等系列行为的总称，是企业间自我管理约束的重要方法与工具，也是现代企业实行科学管理的基础。

（1）企业合同管理在项目管理中的作用。

1）为企业项目的既有权益提供保护。依法签订的合同是受法律保护的，企业可运用它保障自身权益。企业身处市场，必须按照市场运行规律经营，不得有任何违法行为，当市场环境发生变化，合作伙伴出现违约行为，合同就是最直接、有效的证据。

2）帮助企业提升价值衡量标准。规范化的合同管理，能够对外部合作者提供明确的合作范围及方向，帮助决策者更好地审查项目，提供真实有效的合约资料，提升企业经营效益。

3）塑造企业整体形象。通过规范化的合同管理能够间接地提升合作伙伴的水平，推动企业良好合作，树立专业、守信的企业形象，为后续的合作奠定基础。

（2）企业进行合同管理时必须坚持的原则。

1）合法性原则。任何企业的经营必须遵循法律法规，尤其是在现代经济环境中，企业会在多个国家或地区开展活动，必须符合当地的法律法规，只有这样签订的合同才具有法律效用。

2）全面管理原则。合同是企业对外合作的基本形式，涉及诸多部门，只有全体人员良好配合，才能取得合同应有效益，任何环节的错误，都有可能导致合同管理失控。

3）与时俱进原则。随着网络经济时代的到来和现代信息技术的发展，及时地将新技术和方法应用到合同管理上，能够有效提升合同管理效率，同时经济全球化的发展，也在催促企业必须革新传统的管理办法，跟上时代变化的步伐。

4）效益性原则。企业经营的目的是盈利，同样合同管理也要为该目的服务，通过合同管理保证自身权利，也是为了避免违规操作带来利益损失。

2. 合同管理的特点

电力工程项目施工阶段合同管理具有以下特点。

（1）电力工程项目施工周期比较长，而且电力工程项目的施工质量和施工进度很容易受到外界因素的影响，如果不加强电力工程项目合同管理就很有可能埋下安全隐患。

（2）电力工程项目施工成本较高，需要投入大量的资金，而且合同的金额也相对较高，这在一定程度上加大了合同管理难度。如果电力工程项目合同管理比较合理，就可以避免出现项目亏损的情况，还会增加建筑企业的经济效益。但是，如果电力工程项目合同管理不合理，很有可能会给建筑企业带来巨大的经济损失。统计显示，合同管理水平会影响电力工程项目 9% 的工程造价。

（3）电力工程项目参与者比较多，而且接口比较复杂，导致电力工程项目合同管理愈发复杂。电力工程项目合同管理需要合理处理业主与承包商、各承包商、承包商和分包商等人员之间的关系，这十分关键，也是合同管理的难点和重点。

（4）影响电力工程项目合同管理的因素非常多，合同管理不是静止不动

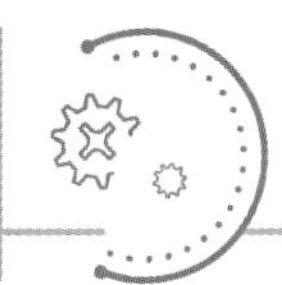

的，而是需要不断变化和调整的，合同管理必须和电力工程项目实际施工相一致，这样才能实现有效管理。

3. 合同管理的重要性

合同管理在电力企业管理中发挥着至关重要的作用。首先，合同管理在工作总量上占据较大比重；其次，合同管理指的是企业在遵循相关法律规定的基础上将自己视作当事人进行合同订立、调整、解除与监督等行为的总称。该概念强调合同管理存在系统性与动态特征，与合同订立、履行等密切相关，即贯彻整个系统，深入相关细节，而且高度重视系统变化，一旦发现隐患及时处理与解决，避免造成损失，这在一定程度上也决定了合同管理存在不同层面的表现，其中以全局性表现与微观性表现为主。但现实中，部分电力企业合同管理存在一边倒的现象，比如在规避合同法律经济风险方面投入过多的时间与精力。仅仅为合同订立做好相应的准备工作是不够的，合同履行易受多种因素影响，只有同时做好合同监管工作，才能更好地保障合同履行过程的合理性与科学性。部分电力企业并未认识到这一点，对合同监管有所忽视，增加了合同管理风险。以合同生命周期为依据来说，合同履行相较于合同签订而言在合同生命周期上占据的比较更大，只有在注重合同签订的同时重视合同履行，才能有效避免相关隐患，提高合同管理效率。

通过了解发现，当前部分电力企业之所以存在重前期管控的现象，很大一部分原因在于电力企业管理工作模式与体系在信息控制方面处于薄弱地位，在进行合同订立前可以轻而易举地获取所需信息与资料，并加以控制；而合同履行是一个循序渐进的过程，信息既复杂又凌乱，整理难度较大，这在一定程度上决定了合同订立以归档为主要标志，少数电力企业甚至将合同订立视作合同管理完成的标志。在社会不断发展的今天，信息技术被广泛应用于社会各领域，其中包括电力企业管理领域，随着信息技术与电力企业管理体系的不断融合，电力企业合同管理有了新的变化，越来越多的信息被管控与追踪，而且移动设备广泛应用到信息反馈上，在加快信息录入速度的同时提高了数据时效。另外，信息化手段的应用为管理人员信息获取与监督提供了极大的便利，这些信息对管理工作实施具有决定性影响，而传统的合同管理存在合同履行难以追踪的问题，影响了合同管理工作的顺利进行。

3.3.2 采购合同审核

采购合同审查主要是指对采购合同的合法性、完整性和有效性等进行的审查。一般分为对合同条款的审查、合同产生过程的审查和合同履行情况的审查3个方面。

1. 合同条款的审查

对合同条款的审查即对合同草本主要条款的完整性、严密性、合法性的审查。需要注意的是，合同一经当事方签字盖章，一般就产生法律效力，难以更改，因此，审计机构或审计人员对合同的审计审签，必须在合同产生法律效力前进行。在审签时，要根据招议标的结果或当事人约定的具体合同内容进行审计，最终使合同的条款齐备、准确、严密、合法，促使合同成立、生效及顺利地履行，实现订立合同的目的。合同条款审查的主要内容如下。

（1）当事人的名称或者姓名和住所审查。当事人是合同的主体，审查时要看合同中是否将当事人都规定到合同中去，而且准确、清楚地规定各方当事人名称或者姓名和住所；合同载明住所的意义在于，决定债务履行地、诉讼管辖、涉外法律适用的准据法、法律文书送达的处所等。

（2）标的及其数量、质量的审查。标的的审查要根据标的物的不同加以区分确定，以物为标的的，要审查合同中的出卖物；以工程为标的的，要审查建设合同中的工程或者劳务；另外，还要审查标的名称是否规范、准确，注意不同地区、国家和方言对同一标的的不同称谓。在审查标的物数量时，以物为标的的要审查其长度、体积或者重量的约定；以工程或服务为标的的要审查其工作量的约定。对标的物质量的审查，应向签订合同对方索要相关的国家认可的质量标准；如果是当事人双方约定的质量标准或技术要求，要审查其性能、效用、工艺等。

（3）价款或者报酬的审查。对于有政府定价和政府指导价的，要看合同价款的约定是否按规定执行；如果是当事人双方约定的，要看合同中是否清楚地规定计算价款或者报酬的方法。

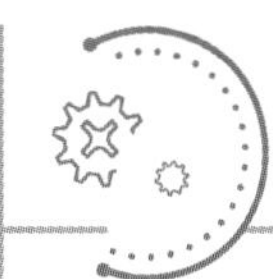

（4）履行的期限、地点和方式的审查。审查时，要看期限的约定是以天计、月计、季计，还是以年计；是即时履行、定时履行、还是分期履行。而履行地点有时是标的验收地点、明确运费由谁负担、风险由谁承担以及所有权转移的依据。合同中应明确、具体地规定履行的期限和地点。对履行方式审查时，要看合同规定是否具体约定采用何种方式，包括交货方式、实施行为方式、验收方式、付款方式、结算方式等。

（5）违约责任与争议解决方式的审查。审查违约责任时，要看其是否明确约定定金、违约金、赔偿金的计算方法等。对争议解决方式的审查，要看其是否明确约定常见的双方通过协商和解、由第三人进行调解、通过仲裁解决或通过诉讼解决等方式。

2. 合同产生过程的审查

合同产生过程的审查，主要对合同产生的必要性和效益性的审查。

（1）对采购必要性的审查。即审“该不该购”，包括对采购计划可行性审查，采购内容合法性与合规性的审查。采购计划一般都需要进行可行性审查，尤其是金额较大的采购项目必须在前期对可行性进行严密审查。

（2）对采购计划手续的审查。采购计划应该通过有权决定机构或人员的认可后才可以进行。对采购的商品或其他内容的市场调研，一般而言，采购合同应该是通过完整的市场调研、论证和考察后才确定下来的。

1）审查“怎么购”，即对采购方式的审查。采购可以采取公开招标、邀请招标、竞争性谈判、单一来源采购、询价等。采购方式的确定要综合考虑多方面的因素。需要根据采购物品的数量、规格、市场情况等进行事先的考虑后确定适合的采购方式。

2）审查“由谁购”，即对采购部门和人员的审查。采购部门应该是有一定采购经验或者专门成立的用于采购工作的部门，统一进行采购。采购人员也应该是具有相关的采购经验或者是专业能力的人员。采购人员的个人道德水平也应该作为审查的内容。大宗型的采购需要成立专门的采购工作组，所以对工作组的组成、组长的选择、组员之间的配合等也需要进行考量和审核。

3）审查“购谁的”，即对供应商的审查。专业化的采购应该是在对采购市场、采购对象、拟采购单位的相关资质和信息，以及信誉、能力等有提前充分的了解基础之上，这样会更有利于完成采购工作。在采购工作中一定要严格遵守一个标准，即采购必须是公开、透明、有利于企业利益的。尤其要注意采购中的人员回避问题，这也是很多采购中容易存在问题的地方。不能因为人情关系而左右了采购的审查标准。

（3）对开标过程的审查。对开标过程进行审查主要是为了“暗箱”操作。招投标基本要求就是公正、公开。招投标一定要做好保密工作，不能在开标前向相关人员透露有关标价、报价、标底等，以保证招投标工作的公平、公正、合理。

3. 合同履行情况的审查

合同履行是一个不容忽视的环节，它关系到采购活动的成败。这一环节主要审查“验收和结算”，即对采购标的的数量、质量是否符合采购合同的要求，与采购商的资金结算是否符合合同规定，是否按规定保留了质量保证金等。对于重要的采购活动，审计人员应亲自参与；对于专业性很强的采购活动，还可以聘请参与采购工作的专家来验收，从而保证质价相符和采购活动的成功。

3.3.3 合同管理容易出现的问题及优化对策

随着我国经济水平的不断提升，电力企业的管理模式在不断进行着开放式的尝试，虽然这种尝试在很大程度上促进了电力企业的发展，但同时也会给电力企业在市场竞争中带来一定的法律风险。目前我国的电力企业在合同管理方面仍旧存在很多问题，不仅加大了管理难度，制约了电力企业的发展，还会影响日常生活中电力的供应。这要求电力企业不断地进行合同管理改革，有效地规避法律风险，对风险项目做到提前预防，以促进企业长久发展。

1. 合同管理容易出现的问题

随着我国电力企业国际市场竞争的日益激烈，我国电力企业想要实现健康发展所需要面对的是比过去更严峻的企业法律义务以及合同风险。当前，我国电力企业在日常经营风险管理中，对法律法规风险可能性的评估能力不强，同时对于已经产生的法律问题处理方式不得当等现象比较明显，对电力企业自身

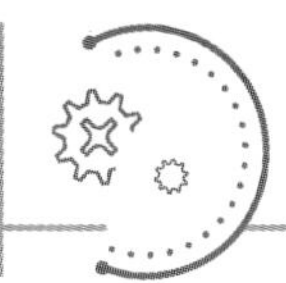

的健康发展以及电力行业的平稳运行都带来了较为严重的负面影响，如经济损失或者名誉上的损害。

（1）电力企业法律风险防范体系不健全。就国有电力企业目前的法律事务管理能力而言，企业自身的法律风险防范管理体系还不完善，相关法律风险防范体系和制度制定也不规范，这些都是导致电力企业法律风险严重的原因。电力企业在不断加强开展合同决策管理过程中，想要更有效地防范各种法律管理风险，就不能忽视法律顾问工作人员能够发挥的重要作用。然而，由于电力企业内不和谐因素的存在，长久以来，专门的企业法律顾问工作人员在电力企业合同管理中一直都处境尴尬，制约了企业法律顾问工作人员在企业合同决策管理中发挥应有的作用。

（2）相关从业人员自身素质较低。目前，我国电力企业的行政管理人员中，具备较高法律专业能力的人员数量相对较少，企业相关管理和行政人员对于企业所面临的法律责任风险的认知不全面，使得企业在其经营管理过程中可能忽视部分法律风险的存在，造成了不必要的法律风险损失。此外，在传统的大型电力企业日常经营管理过程中，相关从业人员对于企业法律风险的防范和控制意识较为薄弱，可能会导致大量的电力企业内部存在不正当竞争，进而出现不同程度的违规行为，尤其是在电力设备安装和电力供电系统维护等方面，这些难以避免的违法竞争行为不仅仅是电力企业从业人员自身职业素质较低的体现，更是导致企业自身法律风险恶化的重要原因。另外，从业人员对于自身职业素养的要求相对较低，面对新经济时代电力市场经济环境日益复杂的情况，如果不提高对自身专业素养的重视程度，可能导致法律风险处理能力以及系统性规避法律风险能力的缺失，增加了我国电力企业经营管理过程中面临的法律风险恶化的可能性。

（3）电力企业合同存在较为严重的法律风险。当前，在我国电力企业的日常经营管理过程中，都存在不可避免的经济合同责任风险。每一种商业行为或者市场经营活动，都面临着不同程度的经济法律责任风险，无论是合同内容不完善、更新不及时、合同债权以及合同更新不及时等法律问题，都会给电力企业的日常经营管理工作带来不可忽视的经济法律责任风险。除此之外，日益

严峻的利益和风险纠纷也是电力企业合同中存在的较为严重的法律风险，如“利益损害”或者是“损失发生的可能性”等字眼在合同中出现的频率越来越高，这些风险不仅包括损失的可能性，还包括收益发生的可能性，对于企业自身利益会造成严重的损害。

（4）合同执行能力不足。合同执行能力不足是目前电力企业法律风险管理中较为明显的问题，具体表现在以下两个方面。

1）在进行合同制定的过程中，合同的内容无法真正、有效地体现企业的具体情况，因此直接导致内容和实际存在严重不符甚至完全脱离，在实际工作过程中根据合同开展相关活动较为困难，这就导致合同无法有效发挥作用。

2）合同监管机制的缺失导致合同的顺利实施缺乏保障，虽然部分电力企业建立了合同监管机制，使用了法律顾问制度，但其可操作性存在不足，使得监管机制和法律顾问难以发挥作用，对合同的履行效率产生了较大影响。

（5）合同管理的严密性不足。对电力企业现代管理来说，法律风险管理是管理工作的重要组成部分。但是结合现状分析，我国电力企业合同管理存在较多法律风险，因此整个企业发展不具备法律规范性，主要表现在以下 3 个方面。

1）对合同起草权归属的重视度不足，因为合同起草权一方具有制定合同的主动权，所以在起草合同的过程中选定的措辞更有助于维护自身利益，但是部分企业认为合同是双方协商产生的内容，缺乏对起草权的重视。

2）合同条款内容不完善和不明确，致使合同无法全面覆盖双方协商的相关问题，如果发生问题容易引发纠纷。

3）电力企业在履行合同的过程中忽视对抗辩权的使用。如果违约方拒绝承担相应责任，电力企业可以通过抗辩权维护自身权益，但是部分企业法律常识匮乏，没有及时使用抗辩权，因此使违约方存在资产转移等损害企业权益的行为。

（6）缺乏对合同的动态化管理。合同履行并不是一次性行为，而是一个灵活动态变化的过程，从初始双方签约至最终合同履行中任何一个环节存在问题都可能会给双方带来严重的损失，双方履行合同的过程更是双方信誉的体现，

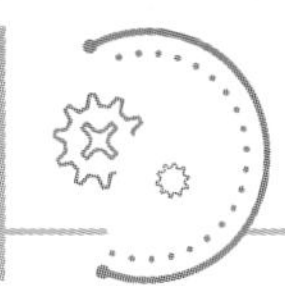

因此提高对合同的动态化管理水平有助于帮助双方了解彼此的信用等级。电力企业签订合同时虽然十分重视对方的信用等级，但是在后期管理阶段却未进行动态化管理，使得合同履行期间风险隐患增加。

2. 合同管理的优化对策

合同管理是电力企业管理的重要组成部分，其合理性与有效性不仅与企业经济活动运行密切相关，而且对企业发展及工作效率提升有着决定性影响，理应得到重视，作为电力企业管理者，更应树立与时俱进管理理念，主动强化合同管理。

（1）完善电力企业法律风险防范体系。对于我国电力企业经营管理过程中可能存在的法律体系不健全等问题，企业经营管理人员需要采取针对性的管理手段改良或者优化企业自身管理对策，以便更好地达到对于电力企业经营管理中法律风险防范和控制的目的。在电力企业自身的经营活动以及经济风险管理过程中，对于经济风险的防范和控制都应该以有效预防为主，有效治理风险为辅，才能达到双重的风险防治效果。而对于客观存在的法律风险问题，我国电力企业风险防范管理体系不仅需要兼顾行业全局，还需要帮助电力企业经营管理人员全方位地把握电力企业法律风险管理的本质，通过强化风险管理意识来完善法律风险防范和管理体系。

（2）强化法律意识及法律风险防范意识。企业自身法律风险防范体系的缺失，将会直接影响到我国电力企业自身司法行政事务管理工作的效果，而为了强化电力企业的自身司法行政事务管理的能力，需要企业自身构建起完善的法律风险防范体系，通过不断强化自身的法律意识和法律风险的管理能力，进一步减少企业在面临法律风险时可能产生的经济损失。为此，电力企业需要尽快建立起完整的电力企业法律风险防范和管理体系，并进一步强化企业内部的法律和风险防范意识。同时，任何理念和法律意识的广泛传播都必然离不开适当的宣传教育以及法制宣传的相互作用，所以我国电力企业需要将加强法制宣传教育作为当前加强自身生产经营社会管理的一项重要政治任务，通过开展法制教育活动强化电力员工自身的企业法律意识，从而有效防范电力企业法律风险，保证电力企业自身的健康发展。

（3）提高合同签订管理水平。合同签订是合同管理的第一项流程，因此把好合同签订关具有重要意义。

1）电力企业需要加强与客户的交流沟通，结合合同内容和特点制定合理的管理方案，积极争取合同的起草权，确保合同中语言、用词的准确性。

2）将双方协商好的问题进行整合、归纳，在合同中有效体现，保证合同条款内容的完善、具体，从而防患于未然。

3）完成合同拟定后由相关部门进行审核，完成审核后通过合同管理机构进行编号审批。

4）重视法律顾问的意见，积极采纳专业意见，避免出现风险隐患。特别需要注意的是，签订合同需要严格遵守《合同法》《公司法》等法律法规，双方盖章签字，保证合同的法律效力。

（4）加强合同落实制度的健全与完善。目前，我国电力行业存在的法律风险主要来自合同风险，在电力企业的生产经营过程中时常会出现合同违约现象以及经济纠纷等问题，不仅影响到了电力企业的正常经营管理活动，还可能给电力企业自身发展带来不同程度的社会经济损失，同时会对行业发展产生负面影响。针对这一实际情况，为有效防范企业合同履约带来的各种风险，需要科学有效地确定制度措施进行管理，还要把企业合同风险管理制度落实到具体的企业部门和管理人员，确保合同风险管理在我国电力企业中落实到位，只有确保企业合同风险管理制度落到实处，才能够切实做好我国电力企业合同管理的法律风险防范管理工作，维护我国电力企业的合法利益，促进我国电力企业以及整个电力行业的可持续健康发展。

（5）强化合同检查及管理体系。合同作为电力企业与电力客户之间沟通的法律桥梁，合同管理能够为我国电力企业经营提供重要的法律保障。为此，需要建立一套用于强化电力企业法律合同风险管理的法律体系，以便在当前的市场形势下，合理有效地实现对电力企业法律合同的科学管理，并对企业合同风险问题进行妥善处理。除此之外，构建的合同履行违约监督管理制度要能够有效地确保合同履行双方的违约执行管理效果，促进电力企业的正常生产运转和合法经营。

电网信息化项目竣工阶段的财务管理

4.1 竣工决算财务管理的现状分析

4.1.1 竣工决算相关概述

竣工财务决算是电力基本建设项目竣工后，建设单位在电力基本建设会计核算基础上编制，反映竣工项目建设成果的总结性文件，是正确核定新增固定资产价值，办理固定资产交付使用手续的重要依据。

工程竣工决算报告作为工程管理的重要财务文件，全面的反映工程各项成本费用的组成及发生情况，财政部等部委都出台过相关文件对其进行规范性指导，如《会计师事务所从事电力基本建设工程预算、结算、竣工决算审核暂行办法》（财协字〔1999〕103 号），《电力基本建设财务管理规定》（财建〔2002〕394 号）等，文件中详细规定了竣工决算的内容、格式等要求，很多国家部门或大型企业对基建工程竣工都有详细的管理办法，如国家税务总局《国

家税务局系统电力基本建设项目竣工财务决算管理办法试行》，各省电力企业也都有相关的工程管理文件。

电力基本建设项目竣工财务决算是正确核定新增固定资产价值，反映竣工项目建设成果的文件，是办理固定资产交付使用手续的依据。竣工决算的内容应包括从项目策划到竣工投产全过程的全部实际费用。竣工决算的内容包括竣工财务决算说明书、竣工财务决算报表、工程竣工图和工程造价对比分析等 4 个部分。其中竣工财务决算说明书和竣工财务决算报表又合称为竣工财务决算，它是竣工决算的核心内容。各编制单位要认真执行有关的财务核算办法，严肃财经纪律，实事求是地编制电力基本建设项目竣工财务决算，做到编报及时，数字准确，内容完整。建设单位应当严格执行工程价款结算的制度规定，坚持按照规范的工程价款结算程序支付资金。建设单位与施工单位签订的施工合同中确定的工程价款结算方式要符合财政支出预算管理的有关规定。工程建设期间，建设单位与施工单位进行工程价款结算，建设单位必须按工程价款结算总额的预留工程质量保证金，待工程竣工验收一年后再清算。建设单位及其主管部门应加强对电力基本建设项目竣工财务决算的组织领导，组织专门人员，及时编制竣工财务决算。设计、施工、监理等单位应积极配合建设单位做好竣工财务决算编制工作。竣工财务决算表是竣工财务决算报表的一种，用来反映建设项目的全部资金来源和资金占用支出情况，是考核和分析投资效果的依据。其采用的是平衡表的形式，即资金来源合计等于资金占用合计。建设单位应在项目竣工后 3 个月内完成竣工财务决算的编制工作。在竣工财务决算未经批复之前，原机构不得撤销，项目负责人及财务主管人员不得调离。在编制电力基本建设项目竣工财务决算前，建设单位要认真做好各项清理工作。清理工作主要包括电力基本建设项目档案资料的归集整理、账务处理、财产物资的盘点核实及债权债务的清偿，做到账账、账证、账实、账表相符。各种材料、设备、工具、器具等，要逐项盘点核实，填列清单，妥善保管，或按照国家规定进行处理，不准任意侵占、挪用。电力基本建设项目竣工时，应编制电力基本建设项目竣工财务决算。建设周期长、建设内容多的项目，单项工程竣工，具备交付使用条件的，可编制单项工程竣工财务决算。建设项目全部竣工后应编制竣

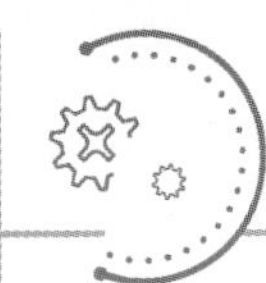

工财务总决算。

4.1.2　竣工决算编制的责任部门及职责

工程竣工决算报告应由项目法人单位负责组织编制，对竣工决算的真实性和完整性负责。

项目法人单位的财务、计划、生技、基建工程等相关管理部门，是工程竣工决算报告编制的责任部门，各单位可根据实际情况成立工程竣工决算报告领导小组或编制小组，分别指定专人负责相关资料的收集、整理、及时提供有关资料，共同完成工程竣工决算报告的编制工作。

1. 财务部门职责

（1）核对工程资金到位情况。

（2）落实工程借款利息支付情况，正确分摊资本化利息。

（3）办理工程价款和材料、设备价款的结算情况，预留质量保证金。

（4）清理工程债权债务情况。

（5）做好其他费用的分析、分摊工作。

（6）负责编制工程竣工决算报表。

（7）配合有关部门做好对设备、材料、低值易耗品等的清点登记工作。

（8）会同有关部门撰写工程竣工决算报告说明书。

2. 计划管理相关部门职责

（1）提供“工程项目核准文件可行性研究报告”“工程批准开工报告”等批准文件、文本。

（2）提供投资计划和用款计划等文件。

3. 工程管理相关部门职责

（1）及时完成对各施工单位工程费用结算资料的审查工作。

（2）提供“概算批准书”及工程开工和竣工时间、竣工验收鉴定文件资料。

（3）提供工程施工管理及质量监督的总结性分析报告。

（4）提出预计未完工程量，填制“预计未完工程明细表”。

（5）提供有关设备、材料清册。

（6）清理工程合同执行情况，并形成总结性文件。

（7）会同财务部门确定工程资金节余或超支情况，并对节余和超支情况进行分析并提出处理意见。

（8）提供征用土地各项审批资料，清理征地、租用、迁移补偿合同，检查执行情况，提出工程全部占用土地情况明细清单及占地方位图。

（9）按时间顺序编制工程大事一记。

4. 其他相关部门职责

（1）设备、材料、低值易耗品等的清点登记工作。

（2）整理分析施工安全情况。

4.1.3 竣工决算编制的原则

工程竣工验收交付使用后，应及时编制竣工决算报告。电源工程和及220kV以上电网工程项目应在工程项目经竣工验收交付使用后6个月内编制完成，220kV以下的电网工程及其他工程项目应在工程项目经竣工验收交付使用后3个月内编制完成。

工程竣工决算报告原则上应遵循“一个概算范围内的工程项目，编制一个工程竣工决算报告”。

工程竣工决算报告应当经项目法人单位内部审计机构或中介机构进行审计，并出具审计报告。

经验收具备投产条件的工程项目，原则上不得留有未完工程。如确有未完收尾工程的，可以预计纳入竣工决算，并按概算项目编报未完收尾工程明细表，但预计未完收尾工程的实物工作量和概算价值不得超过总概算的5%。

工程竣工验收达到预定可使用状态后，财务部门要根据竣工验收报告及有关资料将资产暂估入账，待工程竣工决算报告审批后，再对原估价入账的资产价值进行相应的调整。

工程竣工决算报告是正确登记固定资产卡片的依据，应按照《固定资产目录》规定的内容列示。

编制工程竣工决算报告时，要正确分析，分摊应计入资产价值的其他费用

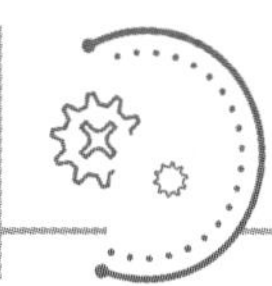

支出。

4.1.4 竣工决算财务管理的现状

1. 项目财务竣工决算工作普遍滞后

《国家电网公司工程竣工决算报告编制方法》中明确规定，电源工程和 220kV 及以上电网工程项目的竣工决算报告应在工程项目经竣工验收交付使用后 6 个月内编制完成，220kV 以下的电网工程及其他工程项目的竣工决算报告应在工程项目经竣工验收交付使用后 3 个月内编制完成。然而，在实际工作中，由于对项目竣工财务决算工作的认识存在偏差，“重建设、轻决算”的思想根深蒂固，再加上各部门之间缺乏有效的沟通机制，项目竣工财务决算未按规定及时办理现象较为普遍。工程整体投产后，相关工程费用未能按时完成结算，影响了工程竣工决算编报的进度，也影响了项目竣工决算报告编制的全面性、完整性、准确性、及时性，导致报告的编报与审批滞后，拖延了资产正式入账时间。

2. 项目财务竣工决算编制内容不完整

项目财务竣工决算综合反映了项目从筹建开始到项目竣工整个过程中的财务状况，包括建筑安装工程投资支出，配套的设备、工具、器具、家具等设备投资支出，以及建设过程中发生的借款利息、管理费、征地费、设计费等待摊投资支出等。有些建设单位在编制竣工财务决算时，或将项目交付使用前发生的借款利息计入生产经营活动中的财务费用，或将部分不需要安装的设备纳入生产经营活动进行核算等，从而导致交付的固定资产总值不准确。

4.2 竣工决算财务管理流程

4.2.1 竣工决算阶段流程

工程决算阶段工作流程如图 4-1 所示。

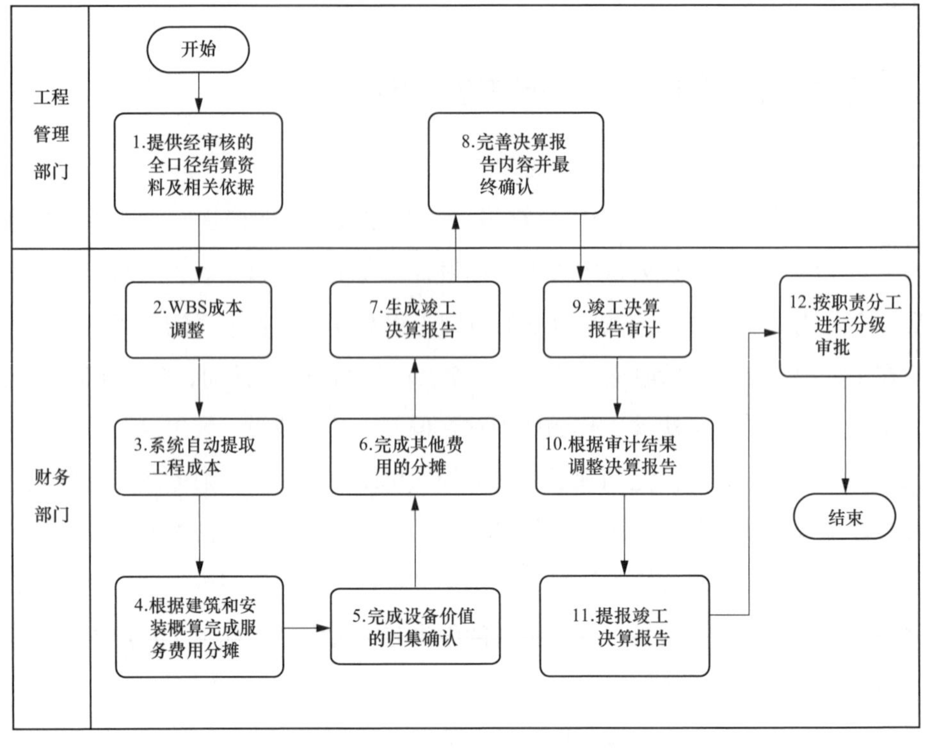

图 4–1　工程决算阶段工作流程

（1）工程管理部门完成工程结算报告编制工作后，及时向财务部提供经审核的工程全口径结算资料，用作工程竣工决算的主要依据。

（2）财务部根据工程管理部门提供的佐证资料调整工程项目 WBS 成本，确保工程项目成本挂接至正确的 WBS 层级。ERP 自动竣工决算系统按照工程结算审定数量及价值，自动提取工程成本，根据工程概算明细表，对工程施工费、设备购置费和工程其他费用的分摊进行补充和完善。ERP 自动竣工决算系统内置各类工程项目竣工决算报告的标准格式，工程财务管理人员选择好工程项目所对应的决算报告模板后，可在系统中一键生成工程竣工决算报表。

（3）ERP 自动竣工决算系统按 WBS 层级自动提取工程项目成本。

（4）ERP 自动竣工决算系统根据前端部门录入的工程项目概算明细表，自动完成服务费用的分摊。

（5）ERP 自动竣工决算系统根据实物资产管理部门录入的设备资产台账，

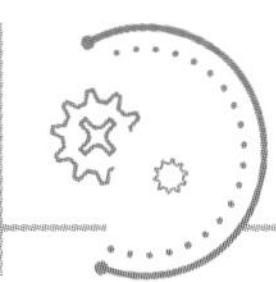

自动完成设备价值的归集确认。

（6）ERP 自动竣工决算系统结合工程项目概算明细表，将其他费用分摊至对应 WBS 层级。

（7）财务人员确定账务处理完成后，ERP 自动竣工决算系统将按导入的决算报告标准格式自动生成工程竣工决算报告。在以前的竣工决算管理模式下，由于同一批次的农网工程竣工投运时间相近，需要在满足时间要求的情况下出具大量竣工决算报告，所以该部分工作通常以外委的方式委托给会计师事务所完成。工程自动竣工决算系统上线后，系统对工程项目信息和数据进行归集和分配，直接生成竣工决算报告，在提高工程竣工决算转资及时性和准确率的同时，每年可为公司节约不少管理成本（竣工决算报告编制费用的取费标准为工程项目决算金额的 2‰）。

（8）工程管理部门需要工程竣工决算报告进行复核，在必要时对决算报内容进行数据补充和信息完善，并在 ERP 自动竣工决算系统中进行最终确认。

（9）财务部配合会计师事务所对工程竣工决算报告进行审计，针对审计过程中遇到的问题进行积极沟通和反馈，并取得工程项目审计报告。

（10）工程管理部门负责决算审计问题的解释工作，对审计机构提出的问题进行整改，根据具体整改要求向财务部提交佐证资料。

（11）财务部根据佐证资料调整相关资产价值，并对固定资产卡片价值进行修正，调整工程竣工决算报告。财务部负责竣工决算报告的定稿版和打印工作，将纸质版竣工决算报告送呈公司领导审批。

（12）公司领导按职责分工进行分级审核审批后，将最终版工程竣工决算报告进行归档。

4.2.2　竣工决算财务管理工作

财务部门在决算阶段的主要工作包括核对应收应付款项。电力工程各类供应商较多，往来账目较为频繁，必须认真梳理与施工、设计等供应商之间的往来账目，根据业务主管部门提供的结算资料，确认相关的工程成本及应付款项，及时办理款项支付。财务部门作为竣工决算编制的归口管理部门，应及时组织、

协调基建、物资、计划、生产等部门共同配合，完成资料的收集和竣工决算的编制。如前所述，工程竣工决算报告原则上应遵循：“一个概算范围内的工程项目，编制一个工程竣工决算报告”。编制工程竣工决算报告时，要正确分析、分摊应计入资产价值的其他费用支出；竣工决算编制的细度和深度应不少于概算所列内容的3级，确保决算与概算的可比性。并且，要及时清理工程资金，在分析、清理工程资金来源、使用和盈缺情况的基础上，上缴或申请工程资金。通过资金清理，防止出现工程资金沉淀、工程资金与生产性资金相互挤占等情况，提高工程资金使用规范性。

4.2.3 竣工决算财务一体化

供电公司的工程竣工决算是工程造价的最后一个环节，直接反映工程成本控制、财务管理、经济效益情况。工程竣工决算是准确核定资产价值的重要依据，能够有效考核预算编制的准确性；同时，工程竣工决算满足供电公司“实时管控、精益高效”的要求。因此，将财务一体化管理体系运用在供电企业工程竣工预算中显得尤为重要，可有效扭转供电公司传统的竣工决算模式，积极推动供电公司升级转型，提升财务一体化决算水平，推动供电公司向现代化集约、高效的管理方向迈进。

供电公司必须加快构建工程竣工决算财务一体化管理模式，构建财务管理平台，通过建立相关监管制度、建立竣工决算小组，明确划分组内成员的工作职责，做好预算编制工作，切实将工程决算工作落实到实处。供电公司要在新形势下，不断创新企业财务管理模式，以工程决算为指导，全面推动工程竣工决算向信息化、规范化、专业化方向发展。

1. 竣工财务决算标准化流程

（1）规范立项与概算编制。就供电企业工程竣工决算现状来看，从立项规范上看，供电企业工程项目建设方明确制定了项目进入准则，在概算编制模板上，主要加强模板、软件等方面的规范，在工作流程协同上，规范竣工决算业务流程实施自动竣工决算、验收资产、决算报表、资金转资之间的串联性。自动竣工决算确定了工程费用的分摊标准，通过决算一体化系统，自动生成成

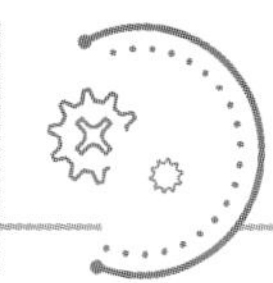

本资金的结转，自动出具竣工决算报表。同时，决算一体化系统支持项目在线监控，动态化地监控数据信息，实现对供电公司资产在线监控，从而提升资产联动水平。供电公司工程竣工结算一体化平台建设，涵盖了工程项目资产管理业务，提供在线监测功能。

（2）打造一体化的管理载体。供电企业通过制定风险管控目标，加强对一体化平台风险的管控，更好解决了投资预算、投产转资、在线监控等难点，同时，在一体化工程竣工结算平台支持下，概算编制更为标准化、促进投产转资的流程化、竣工决算自动化，实现资产在线监控。

（3）创新完工决算模块。供电公司通过建立工程竣工一体化决算模式，加强对工作流程的开发，结合竣工决算程序，实时对待办事务进行提醒，相关决算人员通过决算监控模块，实现信息数据的高效传递和共享，提升工作质量。

2. 具体的方案设计

（1）工程造价设计。供电公司通过分析工程建设的全过程，全面分析工程竣工决算要素，如决算报告编制要素、工程造价环节、工程管理环节等，确保在工程方案设计中，充分反映工程决算报告要素时间、质量，确保通过要素分析，加强对工程造价、工程环节的管理，及时提交工程编制的资料。

（2）组织一体化设计。供电公司实际开展工程竣工决算工作过程中，始终遵循全面管控、全程审批等原则，严格按照竣工决算报告反映的要素关系展开分析，从而设计出组织一体化的管控模块，推动工程决算工作高效、有序开展。

（3）编码一体化设计。供电企业在工程竣工决算环节中，依据现有的非专业编码，建立起要素编码，同时兼容了其他专业编码，为供电企业供电项目竣工决算提供转资价值管理通道，促进工程建设成本与部门之间的协同效率。

（4）系统一体化设计。系统一体化设计是以竣工决算报告为基础，初步建立起的半自动化决算报告生成工具，有效提升了决算编制成效，提升系统一体化设计的可行性。

3. 建立战略导向性预算管理方式

供电公司工程项目建设过程中，积极引进国内外先进的管理手段，学习先进的管理经验，以资本为纽带，建立供电公司资本评价体系，便于为供电公司

未来发展规划提供重要的理论依据。同时，结合供电公司传统的工程竣工决算工作开展现状，积极构建决算一体化平台，充分利用现代化互联网技术，构建决算管理体系，实现对工程全过程性监督和管控，更好推动供电公司工程项目的高质量发展。

4. 建立完善的财务风险管控系统

基于供电公司配网工程建设规模不断扩大，涉及的资金分配、使用方面的问题融资量较大，要想有效规避工程建设环节中的风险，供电企业必须加强对财务风险的管控，建立监督管理机制，实时对工程各个环节运行情况进行监控管理，建立合理准入机制，严格审批合同，加强对资金交付环节的管理，降低供电企业财务管理风险，避免企业资金损失。尤其在工程竣工决算环节，通过建立完善的一体化财务管理信息系统，实现工程资源共享，明确规定了竣工决算流程，简化了决算手续，确保供电公司工程竣工决算环节更加规范化、统一化。另外，供电公司要加强对财务人员专业素质的培养，深入落实一体化的财务管理体系的应用，不断提升财务管理人员的财务管理水平，促进供电公司可持续发展。

5. 做好电力工程建设项目竣工决算审计工作

（1）仔细核对决算项目，进行现场调查对比。由于电力建设项目包含内容十分广泛，所以在进行项目竣工决算审计工作时，为了更好地管理建设项目，对决算项目进行正确评估，工作人员必须对项目的投资情况、使用程度、价格决策、图纸变更、材料供应、工期施工周期等进行合理的实地考察，反复核实确定上报无误，这样可以有效避免供电企业电力建设工程偷工减料、盲目盈利的现象。除此之外，在一些隐蔽的电力施工场所，工作人员还要从多角度进行现场抽查比对，确保不会发生电力安全事故，造成不必要的人员伤亡和经济损失。

（2）审计人员相互配合，紧密联系。由于电力项目建设工程决算主要由项目财务决算和工程项目决算组成，所以，在进行竣工决算审查时，为了更好地管理项目，审计人员也由相应的财务审计人员和工程造价审核人员组成。这两部分看似各自分工，实则紧密联系。项目决算是项目审计的重要依据，项目

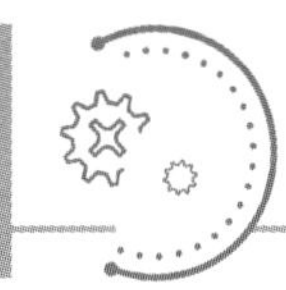

审计又为项目决算提供了必要支持。因此，在进行竣工考察时，只有审计人员和决算人员相互配合，紧密联系，才能防止财务入账或决算中重复计价问题的出现，使电力竣工建设项目的经济效益达到最大。

（3）对项目进行实时监督审定，进而提升决算审计效率。供电企业作为项目的主要实施人，要对建设项目进行实时监督审定，定期检查项目的各个施工环节验收工作是否完成，确保项目单项竣工验收结果全部合格。除此之外，在进行竣工项目审计时，要积极听取工程造价人员对项目的决算意见，要将资金用到实处，用最少的钱建设最好的项目。仔细检查工程合同所持者是否签章确认，及时对项目漏洞进行审查修复，只有这样，才能有效地降低审计工作风险，提高竣工决算工作效率和项目优势。

4.3　竣工决算报表

4.3.1　项目竣工决算报表准备工作

电力基本建设项目投资规模较大，工期较长，项目建设中不确定因素多，竣工决算报告作为项目核算的历史性资料，其真实性、公允性和合理性将影响对项目投资的评价及形成资产真实价值的计量、资产折旧对企业成本的影响，决算的编制不仅仅是数字的累加，而且是应能够更真实地反映工程成本。准确及时编制竣工决算能够真实反映工程成本，通过决算中预结算的对比，找出偏差较大的项目，分析原因，有利于提高工程管理质量，适应电力企业发展的要求。

1. 成立竣工决算工作小组

编制竣工决算报告是一项综合性工作，需要各相关部门密切配合共同完成。竣工决算小组由财务牵头，组织发展策划部、项目管理部门、审计等与基建竣工决算有关部门的相关人员组成，负责收集整理用于竣工决算编制的数据，组织完成数据的统计和汇总，组长负责协调各部门间的工作。

2. 依托基建财务管理流程

以ERP企业资源管理系统及财务管控系统为平台，总结多年来的管理经验，不断优化工作流程并将其制度化，严格控制不同任务相应的时间节点，明确各部门的职责、任务以及各部门数据的组织关系，提高工作效率，并加大考核力度，确保在规定期限内保质保量地完成决算编制。

3. 核对清理往来款项

基建工程建设周期长、各类供应商多，往来款项频繁发生，财务部门应将财务收支情况进行一次全面整理和核对，特别是投资完成额，要与计划统计方面配合，依据工程结算及合同约定，结合现场施工情况进行细致核对，做到进度和统计相符，及时反映工程项目成本，为决算编制的准确性、完整性奠定基础。

4.3.2 项目竣工决算报表编制

下面按照竣工财务决算编制系列规程要求，从实际操作角度总结了项目竣工财务决算编制的5个步骤，各步骤要完成的工作内容、要达到的工作目标及注意事项。

1. 全面清理已完投资、核准工程建设成本

竣工财务决算编制的第一步是全面清理已完投资、核准工程建设成本，编制“竣工工程决算一览表”。

项目建设成本一般由建筑工程投资、安装工程投资、设备投资、其他费用、办公生活固定资产这5项组成。从会计科目角度就是由“在建工程”和“固定资产”两个科目组成，其中“在建工程”科目通常是按合同项目专项辅助核算，由合同项目和无合同项目两大类组成，合同项目为主体；“固定资产”科目是根据现代企业会计制度规定核算的建设过程中直接购进的办公生活固定资产，如办公车辆、办公电脑、空调等设备。

清理投资一方面是对“在建工程”和“固定资产”科目进行清理，主要包括清理合同项目、无合同项目、办公生活固定资产等；另一方面是对其他科目中隐性存在的投资进行清理，主要包括清理库存材料及材料价差、债权债务等。

清理时间范围为自工程筹建至竣工财务决算编制基准日。

（1）清理合同项目，核准工程建设期间每个合同的投资完成额。决算编制人员要清理核对财务部门和计划合同部门的合同台账，确保工程建设期间每一个合同的执行情况统计数据准确无误。对双方统计有差异的合同，决算编制人员要在财务、计划合同、工程等部门人员协同下进行复查，核实该合同执行情况，如财务原统计数据确有误，须进行相关账务处理，调整该合同投资完成额。本环节最终目的是确保财务账面反映的合同投资完成额准确无误，合同项目不遗漏、不重复。

（2）清理无合同项目，核准工程建设期间每个无合同项目的投资完成额。无合同项目指列在“在建工程”科目未进行合同专项核算的投资项目，主要包括建设单位管理费、建贷利息、项目建设管理费等，它也是工程建设成本的重要组成部分。因为没有进行合同专项辅助核算，清理无合同项目相比清理合同项目难度更大，需要投入大量的精力。清理中如发现财务原统计数据确有误，须进行相关账务处理，调整投资完成额。本环节最终目的是确保财务账面反映的无合同项目投资完成额准确无误，无合同项目不遗漏、不重复。

（3）清理、盘点办公生活固定资产，核准财务账面固定资产价值准确性和实物完整性。在项目建设期间，建设单位一般只把办公生活固定资产直接列入“固定资产”科目，它和“在建工程”一起构成了工程建设成本的主体，在决算报告中，它直接列入移交资产一览表。决算编制人员要对财务账面固定资产进行清理、盘点，对于盘盈或盘亏的固定资产，须查清原因，以竣工财务决算编制小组名义上报建设单位，批示后按相关规定进行账务处理，调整投资完成额。本环节最终目的是确保从“固定资产”科目列入移交资产一览表中的办公生活固定资产价值准确性和实物完整性。

（4）盘点库存工程材料、清理工程材料价差，补充核实工程建设成本。如建设单位对工程材料采取业主供材方式，决算编制人员就需要进行工程材料采购合同清理和库存材料盘点，对于盘盈或盘亏的工程材料，须查清原因，以竣工财务决算编制小组名义上报建设单位，批示后按相关规定进行账务处理，调整投资完成额。如建设单位采取业主供材方式，且采用计划成本法，就存在

材料成本差异，决算编制人员需要清理工程材料采购合同，按照工程材料出入库记录，编制各类型材料分项目使用情况表，这是下一步进行材料价差分摊的重要依据。本环节最终目的是盘点库存工程材料、清理材料成本差异，补充核实工程建设成本。如工程材料由施工单位自行采购或由建设单位按实际成本进行供应，则不需要进行本环节工作。

（5）清理债权债务，补充核实工程建设成本。决算编制人员要对财务账面的债权债务进行清理，清收债权和清偿债务。对无法清收的债权和无法清偿的债务，查清原因，以竣工财务决算编制小组名义上报建设单位，批示后按相关规定进行账务处理，对无法清收的债权予以核销，列报投资；对无法清偿的债务予以核销，冲销投资。本环节最终目的是清收债权和清偿债务，补充核实工程建设成本。这里需要补充说明一点：对债权债务的核销须慎重，一方面报批程序必须到位，另一方面须遵守国家相关财经法规。

清理已完投资以后，根据核准的已完工程建设成本，编制“竣工工程决算一览表”。由于会计核算和项目概（预）算在目标和体系方面的不同，两者之间存在一些固有的差异，导致会计科目和概（预）算项目之间无法做到完全对应，必须按概（预）算口径调整会计核算。决算编制人员先要在概（预）算编制人员配合下，建立会计科目和概（预）算项目对应关系表，然后根据对应关系，把会计核算中按会计科目反映的工程建设成本结构调整为按概（预）算明细项目反映，填列在“竣工工程决算一览表”上，以真实反映和比较概（预）算执行情况。

如建设单位财务部门在项目建账阶段设置“在建工程”明细会计科目时，能与概（预）算明细项目保持一致，形成对应关系，且在建设期间成本归集过程中遵照执行，就能确保“在建工程”明细会计科目与概（预）算明细项目在口径上保持一致，决算时编制“竣工工程决算一览表”就会很顺利。

“竣工决算一览表”中“预计未完工程”一项待下一步编制完成“预计未完工工程明细表”后填入。

2. 预计未完尾工工程

竣工财务结算编制的第二步是预计未完尾工工程，编制“预计未完尾工工

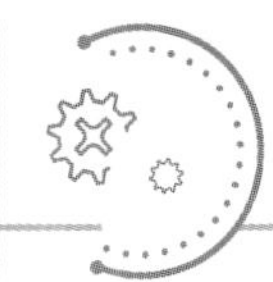

程明细表”“预计未付工程款明细表”。

项目建设具有周期长、单项（单位）工程多的特点，在编制竣工财务决算基准日，一般都有未完尾工工程和未执行完合同项目。未完尾工工程包含在建未完或待建但不影响主体工程安全运行和发挥效益的单项（单位）工程和预留费用两部分，根据决算编制规程，未完尾工工程总额不得超过最终批复概（预）算的 5%。

（1）编制“预计未完尾工工程表”。这项工作需要工程、计划合同（概预算管理）、财务等部门密切配合。预留工程项目投资额编制步骤是：先由工程管理部门提出预计未完尾工项目明细表及项目工程量清单，再由计划合同部门（概预算管理部门）根据工程量清单计算核定项目造价，指明列支概（预）算明细项目，最后报建设单位审定；预留费用主要包括建设单位管理费、竣工验收费、中介机构审计费、其他工程建设项目管理所需费用，由相关部门根据国家规定和项目实际情况测算后报建设单位审定。决算编制人员据此编制完成“预计未完尾工工程表”。

（2）编制“预计未付工程款明细表”。在竣工决算基准日，往往还存在一些项目，施工已完成但合同款未付完，不属未完尾工工程，建议单独编制“预计未付工程款明细表”，将未完尾工工程和未付工程款区分开来，以准确核定未完尾工工程。预计未付工程款可在合同清理阶段一并完成。

预计未完尾工工程和未付工程款的原则：①要满足未完尾工工程的施工、管理需要；②预留项目、费用及标准要合规；③额度要合理。准确进行预估，是核准工程建设成本的前提。根据经验，若时机合适，可结合工程竣工造价审计，由审计部门对预计未完工工程和未付工程款进行审定。

根据“预计未完尾工工程表”填制“竣工决算一览表”中“预计未完尾工工程”一项数据，根据“预计未付工程款明细表”，将未付工程款计入“竣工决算一览表”投资额中。

3. 确定形成资产目录及编码

竣工财务决算编制的第三步是确定形成资产目录及编码，编制“移交资产一览表”的目录、编码、直接成本。

项目形成固定资产主要有固定资产、流动资产、无形资产、长期待摊费用4类。固定资产是指使用期限超过一年的房屋、建筑物、机器、机械、运输工具，以及其他与生产经营有关的设备、工具、器具等不属于生产经营主要设备，但单位价值在2000元以上，能够独立发挥作用，且使用期限超过两年的资产；流动资产是指可以在一年或者超过一年的营业周期内变现或者耗用的资产；无形资产主要是指在项目建设过程取得的专利权、非专利技术、土地使用权等；长期待摊费用主要是指生产准备费中的生产职工培训费及提前进厂费。

决算编制人员根据这一定义和分类，清理工程建设成本中，哪些作为资产移交，哪些作为费用摊销。主要参考依据有《固定资产等资产基础分类与代码》（GB/T 14885—2022）、《企业会计准则第4号——固定资产》《电力可靠性管理代码》（中国电力企业联合会电力可靠性管理中心编制）、建设单位自有的固定资产分类和编码办法等。

清理项目形成的资产及确定资产目录、编码是一项非常重要的工作。确定下来的资产目录及直接成本是进行其他费用和临时工程分摊的基础，是确定移交生产使用单位资产一览表和总表的重要框架，是决算报告的一个重要部分。具体步骤如下。

（1）对建筑物进行清理，列出项目形成的永久建筑物清单。一般包括挡水建筑物、泄洪消能建筑物、引水发电建筑物、排沙建筑物等，可根据项目自身特点增减，建筑物参数包括坐落位置、结构层次及其他专业参数，建筑物直接成本可根据合同台账取得，但大型建筑物涉及合同较多，统计须齐全，不遗漏。

（2）对不需要安装的机械设备、工器具及家具进行清理，编制清单。一般包括随主要机械设备配送的工具、器具、备品备件、直接购进使用的运输工具、家具等，资产参数包括存放位置、制造厂家、规格型号、计量单位、数量等，资产直接成本可根据合同清单取得，统计时须与机电部门台账核对。

（3）对项目形成的无形资产、长期待摊费用进行清理，编制清单。无形资产一般包括土地使用权、专利权、非专利技术等，长期待摊费用一般包括生产准备费中的生产职工培训费及提前进厂费等，直接成本可从财务账面取得。

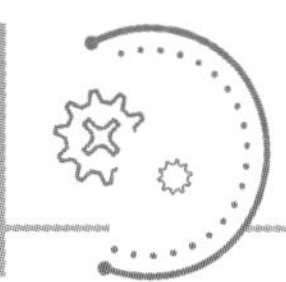

（4）决算编制人员根据清理确定的资产清单编制完成系列表格。包括“移交使用资产房屋建筑物一览表”“移交使用资产安装机械设备一览表”“移交使用资产不需要安装机械设备、工器具及家具一览表”“移交使用资产无形资产、长期待摊费用一览表”。决算编制人员要确定资产的目录及编码，结合第一阶段清理投资的成果，确定移交资产的直接成本，作为下一步进行费用和临时工程分摊的基础。

4. 科学合理分摊费用和临时工程，确定形成资产的价值

竣工财务决算编制的第四步是科学合理分摊费用和临时工程，确定形成资产的价值，完成“移交资产一览表”的分摊价值部分、“其他费用明细表”“其他费用分摊计算表”“临时工程分摊表”。

（1）其他费用分摊原则。其他费用是项目建设过程中发生的共同性费用，应有受益的各项交付使用资产共同负担。它的分摊原则是：能确定应由某项交付使用资产负担的，直接计入该项交付使用资产成本；不能确定负担对象，但可确定共同受益的几项资产的，在这几项资产间科学分摊；不能确定负担对象，但可以确定受益资产大类的，在该类资产中科学分摊；不能够确定负担对象和受益资产大类的，在全部交付使用资产中科学分摊。

主要其他费用大致分摊原则如下：建设单位管理费、项目管理费、水库淹没补偿费、可行性研究费、项目评估费、筹资费、投资借款利息、勘察设计费（非单项工程部分）分摊进建筑物和需安装机械设备各项资产价值；单项工程勘察设计费直接分摊进对应工程项目形成资产价值；工程监理费直接分摊进对应工程项目形成资产价值；设备监造费、运输费直接分摊进对应设备价值；研究试验费直接进对应工程项目形成资产价值；安装费直接分摊进对应设备价值。

（2）其他费用分摊方法。一般用受益资产直接成本比例法或者概（预）算数比例法，即用拟分摊费用做分子，用受益资产直接成本汇总数或概（预）算汇总数做分母，计算直接成本分摊率或概（预）算分摊率，某项资产的直接成本或概（预）算数乘以对应分摊率即该项资产应分摊的其他费用。

（3）临时工程分摊。为比较概（预）算执行情况，需在投资清理中准确核定临时工程各项目投资完成额；为确定移交资产价值，须将临时工程科学合

理分摊进各项移交资产价值。临时工程可作为其他费用直接参与分摊，也可先参与其他费用分摊，再分摊进移交资产价值，决算编制人员需编制“临时工程分摊表”。临时工程的分摊原则是：单独为某项资产服务的，直接分摊进该资产价值；为某几项资产共同服务的，比例分摊进这几项资产价值。如滑坡体和危岩体治理费用，就应按照该滑坡体或危岩体危害的资产对象，进行单独或比例分摊。

5. 完成决算报告

竣工财务决算编制的最后一步是完成“移交资产总表”“竣工工程财务决算表”“竣工工程概况表”，搜集相关资料，编制工程决算报告说明书、大事记、图片集、重要文件集，完善决算报告封面、目录及其他资料。

（1）编制“移交资产总表”。确定了移交使用资产的目录、编码、直接成本、分摊价值后，形成移交资产的最终价值，根据“移交资产一览表”各附表分类汇总填列“移交资产总表”。

（2）完善“竣工工程概况表”。根据决算编制成果，计算填列“竣工工程财务决算表”，结合前期搜集的资料，完善“竣工工程概况表”。

（3）搜集各方面资料，编制完成工程决算报告说明书。决算编制人员要搜集的资料主要涉及以下 10 个方面：①工程建设规模及效益；②建设条件（水文地质条件、移民安置条件、环境保护条件、工程投资、施工条件）；③建设依据（项目报批情况、项目概算编制及修改调整情况）；④主体工程设计与布置（主体土建工程设计布置及特性、主设备配置及性能、施工中的新技术）；⑤工程施工与监理（施工管理、质量监理）；⑥移民安置；⑦电站运行情况（电厂设备运行情况、枢纽建筑物运行情况）；⑧主要财务及技术经济指标的分析（概算执行情况、形成生产能力效益分析）；⑨财务管理与审计；⑩工程总体评价（结语）。根据以上资料，分 10 个方面编制工程决算报告说明书。

（4）整理编制项目大事记。决算编制人员要整理项目自筹建至竣工期间每年度的大事记，进行精选汇编，编制完成项目大事记，精选时要注重事件的重要性、代表性、全面性。

（5）搜集精选项目建设重要图片。决算编制人员要搜集整理项目建设各

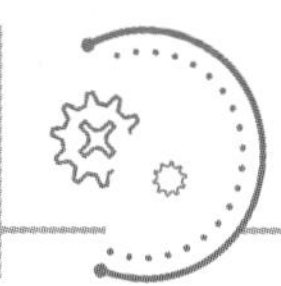

阶段、各方面的图片，精选一批反映项目建设各阶段、各方面建设成果的重要图片，用作决算报告的封面配图及插图，精选时要注重图片的重要性、代表性、全面性。

（6）搜集整理项目建设重要文件，编制项目重要文件集。决算编制人员要搜集整理项目可研、立项、开工、截流、蓄水、发电等重要事件的批复文件，工程概（预）算批复及修改调整文件，项目建设其他重要文件，编制项目重要文件集。

（7）完善决算报告封面、目录、报表编制说明等辅助资料，装印成册。

4.3.3　竣工决算在工程财务管理中的作用

电力工程项目财务竣工决算能够全面反映工程项目的经济效益，是正确核定新增固定资产价值、考察概算执行情况、考核投资效益、继续投资决策的重要参考依据。准确及时地编制基建工程竣工决算，真实反映工程成本，体现工程管理水平，已成为工程管理中的重要方面。

1. 有效提升电力工程建设项目的质量

在电力基建工程中，一些工作人员为了从中牟取暴利，经常会使用不达标的劣质材料以次充好或经常虚报工程费用开支弄虚作假，这样不仅使电力工程项目产生较为严重安全隐患，还增加了基建工程的经济负担。因此，建设项目的竣工决算审计不仅可以对工程进行实时监督审定，及时了解材料的主要来源，对其不足之处进行规范约束，从而提升竣工决算审计的效率，还可以有效地提升电力工程建设项目的质量，达到国家所要求的标准。

2. 有助于增加企业经济效益

在完成规定工作量的基础上，降低企业的投资成本对电力企业是具有十分重要的意义的。然而，在实际的施工中，一些人员在利益的驱使下，用劣质材料以次充好，擅自将材料的主要造价提高虚报，严重影响了工程的决算审计，增加经济负担。因此，及时做好电力工程进行竣工决算审计工作是非常必要的。通过对工程各环节的审计，不仅使建设资源到了有效利用，降低了企业的生产成本和投资成本，还避免了弄虚作假现象的发生，增加了企业的经济效益。

3. 为企业投资决策提供依据

工程竣工决算是一个涉及工程项目立项、可行性研究、工程概算、工程设计、工程施工、工程结算、财务会计核算等的系统性工作，是对工程项目总体系统的分析，是对工程项目全过程管理回顾的必要组成部分。不仅反映了工程项目投资来源、实际造价、投资效果，而且对工程造价管理采取的措施、效果及动态变化进行对比，总结先进经验，提出改善措施，为企业财务决策提供相关依据。

4. 有助于完善工程建设期间经济责任制

在电网工程的实际工作中，计划发展部、基建部、物流中心等部门共同完成工程建设，并以财务部为主完工竣工决算。每一个部门都有明确的责任，并且互相配合、互相协调，任何一个环节出现差错，竣工决算就无法完成，就会造成一系列问题，影响企业发展。竣工决算是完善工程建设期间经济责任制的重要环节。

5. 有助于提高资产管理水平

工程竣工决算反映了电网工程建设中固定资产、流动资产以及长期待摊费用明细账等每一项工程资产的实际成本。竣工决算报告是固定资产入账以及计提折旧、移交财产的依据，是电网企业进行资产管理的主要原始资料。因此，及时、高效地完成竣工决算是推动资产全生命周期管理工作，提高资产管理水平的先决条件。

4.4 存在的问题和改进措施

4.4.1 竣工阶段财务管理存在的问题

1. 预算、结算审查不到位、不严格，审查质量不高

电网基建工程同期竣工项目多、竣工决算流程长、配合部门单位多，工程初设深度不够，预算、结算审查不到位、不严格、审查质量不高造成工程竣工财务决算进度滞后。

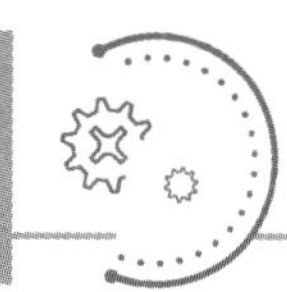

电网基建工程完工后需要经过固定资产暂估入账、甲供物资结算、工程竣工结算初稿编制、工程竣工结算审计、工程竣工结算批复、工程竣工财务决算编制、工程竣工财务决算审计、工程竣工财务决算批复等8个环节，涉及建设单位计划、工程、物资、审计、财务等部门和施工、监理、设计、物资供应商外部单位，以及省公司工程、审计、财务等上级部门，工程竣工决算流程长，涉及管理部门单位多，特别是近些年来电网基建工程建设任务重，工程部门管理相对薄弱，工程完工后及时、准确转资已成为一个长期、重点、难点工作任务。

2. 工程预算、结算、决算报表未能有效对接和对应

工程预算、结算、决算报表未能有效对接和对应，造成工程竣工财务决算编制困难。

现行预算、结算报表与财务决算报表存在口径不一致的地方，不能与财务决算报表和会计核算一一对应，决算报表编制时需要调整和转化，且工程预算、结算编制时未考虑固定资产实物和价值管理要求，建设移交时资产不确定，给竣工财务决算编制带来困难。工程管理部门根据合同开展结算，而合同又不及时履行变更手续，合同与财务实际发生存在差异，导致与财务不衔接，工程结算甲供物资与财务列支物资存在差异，数量、规格型号、名称存在不一致。

3. 工程建设重安全、质量和进度，不重视造价管理

受外部环境影响，工程建设重安全、质量和进度，不重视造价管理，造成主体工程完工后大量费用未定和审批程序未履行，影响工程决算进度和工程完工交付使用资产信息质量。

部分工程建设进度快，主体工程已完工，但尚有征地、尾工工程未完成，甚至工程完工后施工图预算未批复，而相关设计变更也未出具，此外，工程竣工财务决算周期短，项目管理、生产运行等部门对资产形成重视度不够，重按期无缺陷投产轻资产移交管理，未参与设备的投运验收及现场实物清点，未及时创建设备台账，加之审计中介对交付使用资产也不够重视，难以保持设备台账、资产卡片及实物的信息一致，影响工程竣工决算报表质量，造成

工程暂估转资、结算、决算编制、审计、上报等环节环环失控，影响移交资产的准确性。

4. 物资调拨单、出入库、入账、结算工作滞后

物资调拨单、出入库、入账、结算工作滞后，严重影响工程竣工结算和财务决算工作进度和决算金额的准确性。

物资管理滞后一方面是农网工程物资零星、量大、管理链条长造成，另一方面是物资制度不完善、物流各环节相关部门管理不到位引起。存在物资管理流程不畅、不闭环，物资管理台账不完善，物资实物管理与价值管理不能有效衔接，物资部门出入库手续滞后，不能实时掌握实物流与资金流状况。物资出入库不及时，施工现场物资移交失控，现场物资直接由厂家移交给施工单位，存在物资部门和项目管理部门缺位等现象。随着网省公司深化推行统签统付的情况下，物资入账与实物入库、领用很可能会更加不同步，难以避免差错和漏列工程成本发生。

5. 工程、物资、财务信息化水平不高

工程、物资、财务信息化水平不高，造成工程竣工决算进度滞后。

目前，相关工程管理部门均建立了管理信息系统，但系统功能应用不完善，各信息系统间信息不共享，在工作量呈几何级数递增的情况下，信息系统不能带来管理效率的提升，部分系统功能成为负担，部分信息需在不同系统录入，且可用性不高，比如，物料管理系统不能与财务互联，新老系统均在使用，数据重复和冗余，给物资核对和清理带来困难，影响工程物资及时清理和结算。

4.4.2 竣工阶段财务管理改进措施

在基建工程竣工财务决算编制流程管控中，财务部门要充分发挥基建工程竣工财务决算的统领作用，主动向基建、物资管理部门靠拢，充分运用 Excel 功能，固化表单，实现工程结算报表与财务决算报表无缝对接，缩减各环节等待时间。

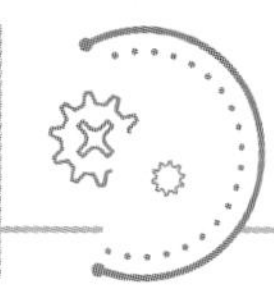

1. 优化工程管理制度体系

为完善、改进基建工程管理制度体系，为工程竣工决算工作提供强有力的保障，国家电网公司出台了基建工程财务管理办法、工程结算管理办法、工程竣工决算管理办法、工程其他费用财务管理办法等。明确规定了各部门在工程管理中的职责和权限、竣工决算资料的收集以及时间、传递要求、竣工决算报告如何编制等。供电公司应按照精益化要求对工程竣工决算的相关办法进行细化，建立起全方位、多层次的管控体系，从制度上保证竣工决算工作的开展。

（1）建立内部报表制度。在季报、年报中设立在建工程明细表、工程项目情况表等，全面反映工程项目的计划、实际完成投资、项目进度以及工程结算、决算编审、转增资产情况，以便领导和上级管理部门及时掌握工程情况。

（2）建立工程竣工决算情况定期通报制度。为了加快工程竣工决算的编制速度，供电公司应对工程竣工决算过程实行动态管理，对工程竣工决算考核指标的完成情况进行定期通报，每个月以简报的形式向供电公司分管基建工程的领导和各相关部门主任、各基层单位等通报，以促进各层面、各部门对基建工程竣工决算工作的关注。

（3）建立基建例会制度。各部门、各单位将工程管理中遇到的各种问题在例会上反映、协商、确定责任部门和时间节点，会后各部门、各单位严格按照例会上确定的时间节点完成，减少各部门之间的推托现象，提高工作效率，为保证工程竣工投产后及时完成工程竣工决算工作打下基础。

2. 深化工程竣工决算全过程管理

长期以来，电力基建工程项目管理的重点是施工进度、安全、质量，忽视基建工程竣工决算管理。工程项目的投资效益分析与经济性研究难以深化，不利于引导资金流向的合理性，也不利于提高项目投入产出水平。为此，在工作中应以工程竣工决算为导向，一切服务于竣工决算。

（1）工程开工前的准备阶段。工程财务管理人员应主动与工程管理部门联系，及时收集工程项目的可研立项批文、项目投资及资金计划文件、初设及

概算批文、批准概算书等，了解该项目的工作内容、资金来源、每项费用的概算值，并以此为依据控制各项费用，填制财务竣工决算报告的“项目”和“概算价值”栏目。

（2）工程建设过程中，工程财务管理人员要做好以下工作。

1）收集资料。主要收集设计变更批复与增减投资批复、工程物资合同、工程施工合同、工程预算书等资料。

2）做好工程核算，正确反映工程投资。工程财务管理人员要根据工程形象进度清单、施工合同、施工方提供的工程价款结算账单支付工程价款；同时还要深入施工现场，通过内部网络、基建工作例会等渠道，及时了解整个工程的进度，督促工程管理部门及时结算工程价款，真实反映工程投资。

3）控制工程其他费用。根据工程其他费用财务管理办法的规定，工程其他费用据实列支按概算数控制。所以工程财务管理人员要及时汇总各工程项目每一项其他费用的实际发生数，并与项目主管部门核对。审核凭证时严格把关，避免出现工程其他费用超支的情况。

（3）在工程竣工交付使用后，工程财务管理人员要督促各部门完成结算、付款和资料整理及上报，做好竣工决算编制和资产入账工作。

1）工程竣工交付使用后，物资管理部门应会同工程项目管理部门清理甲供物资，核对合同采购量、施工图预算及其设计变更加定额内的合理损耗量、实际耗用量、买价及运杂费等，并在规定的时间内向财务部门提供工程物资移交安装清册和结算清单等资料。财务部门根据平时登记的设备台账与工程物资移交安装清册进行核对，支付价款。

2）工程竣工交付使用后，项目管理部门按招标文件的规定和合同约定结算建筑安装施工费、勘察设计、工程监理等其他费用，在规定的时间内按相关要求完成工程竣工结算书的编制、上报和审批工作。财务部门根据工程结算协议核对账务，支付价款。

3）工程其他费用的清理。财务部门根据批准概算书和审定后的工程竣工结算数核对账上实际发生的其他费用，特别要注意核对项目法人管理费、生产准备费等可控费用。有问题及时和责任部门沟通以保证其他费用不超概算数。

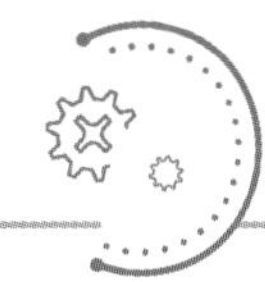

4）清理核对上级拨付资金、物资调拨转账、清算资金往来。

5）按照会计制度的规定正确计算和分摊资本化的贷款利息。

3. 建立工程成本财务考核和评价体系

综合运用各项分析指标分析反映工程项目整个建设过程，是竣工财务决算的一项重要内容。工程管理部门、资金管理部门及财务部门对工程工期、概算执行情况、资金到位、投资效益情况等都要详细分析、说明。合理运用工程项目投资效果分析的各项指标，全面、真实、准确地反映工程项目建设成果。

工程竣工决算考核评价指标主要包含以下几种：①资本性收支预算编制、审批、预算执行和分析、调整情况；②工程全过程成本管理、工程资金管理情况；③工程成本会计核算的合法合规性、完整性、准确性、及时性；④工程竣工决算编制、审批和转增固定资产完成情况；⑤工程经济效益情况。

4. 提升工程财务人员素质

工程竣工决算是一项复杂的系统工作，不仅要求工程财务管理人员具有较强的责任感和职业判断能力，还需要具备一定的项目管理、工程技术等专业知识。必须要合理配置人力资源，加强对工程财务管理人员的培训，不断提升工程财务管理水平。建立人才培养机制，加强会计人员轮岗交流机制，把财务人员培养成“一专多能”的复合型人才。坚持以人为本，注重培养优秀财务骨干，并将其充实到工程财务管理岗位。

在实际工作过程中，财务人员不能仅局限于财务数据的累加，要善于转变观念，在管理上进行创新和大胆实践，将财务管理渗透到工程全过程管理中去，提高基建财务管理水平，降低工程造价，提升投资收益，实现新形势下电网发展方式和企业发展方式的转变。

电网信息化项目的资金管理

资金管理通常包括货币资金，即货币形态的资金。货币资金是指在企业生产经营过程中处于货币形态的资产，包括库存现金、银行存款、其他货币资金。

基层电网信息通信企业作为电网信息化项目主要实施单位，财务管理中涉及货币资金管理的内容较多，资金管理主要与银行存款相关，主要包括银行账户管理、资金结算管理、资金安全管理等内容。本章将依次介绍上述各方面管理要点。

5.1 库存现金

库存现金是指存放于企业财会部门、由出纳人员经营的货币。企业应当按照《现金管理暂行条例》规定的范围使用现金，并遵守有关库存现金限额的规定，加强现金收支管理。

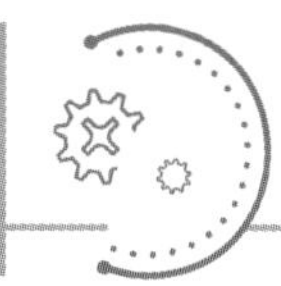

5.1.1　现金的使用范围

根据《现金管理暂行条例》第五条规定，开户单位可以在下列范围内使用现金：①职工工资、津贴；②个人劳务报酬；③根据国家规定颁发给个人的科学技术、文化艺术、体育比赛等各种奖金；④各种劳保、福利费用以及国家规定的对个人的其他支出；⑤向个人收购农副产品和其他物资的价款；⑥出差人员必须随身携带的差旅费；⑦结算起点以下的零星支出；⑧中国人民银行确定需要支付现金的其他支出。除上述情况可以用现金支付外，其他款项的支付应通过银行转账结算。

前述结算起点定为 1000 元。结算起点的调整，由中国人民银行确定，报国务院备案。除⑤⑥外，开户单位支付给个人的款项，超过使用现金限额的部分，应当以支票或者银行本票等方式支付；确需全额支付现金的，经开户银行审核后，予以支付现金。

5.1.2　现金收支的规定

（1）开户单位现金收入应当于当日送存开户银行，当日送存确有困难的，由开户银行确定送存时间。

（2）开户单位支付现金，可以从本单位库存现金限额中支付或从开户银行提取，不得从本单位的现金收入中直接支付（即“坐支”）。因特殊情况需要坐支现金的，应当事先报经开户银行审查批准，由开户银行核定坐支范围和限额。

（3）开户单位从开户银行提取现金时，应当写明用途，由本单位财会部门负责人签字盖章，经开户银行审核后，予以支付。

（4）因采购地点不确定，交通不便，生产或市场急需，抢险救灾以及其他特殊情况必须使用现金的，开户单位应向开户银行提出申请，由本单位财会部门负责人签字盖章，经开户银行审核后，予以支付现金。

5.1.3 现金收支管理的注意事项

1. 力争现金流量同步

如果企业能尽量使现金流入与现金流出发生的时间趋于一致，则可使其所持有的交易性现金余额降到最低水平，即现金流量同步。

2. 使用现金浮游量

从企业开出支票至银行将款项划出企业账户需要一段时间，现金在这段时间的占用称为现金浮游量。此段时间尽管企业已开出支票，却仍可动用在活期存款账户上的该笔资金。在使用现金浮游量时要控制好使用时间，否则会发生银行存款透支。

3. 加速收款

加速收款主要是指缩短应收款的时间。发生应收款会增加企业资金的占用，但它又是必要的，因为它可以扩大销售规模，增加销售收入。问题在于如何既利用应收款吸引顾客，又缩短收款时间。这就要在两者之间找到适当的平衡点，并实时妥善的收款策略。

4. 推迟应付款的支付

推迟应付款的支付是指企业在不影响自己信誉的前提下，尽可能地推迟应付款的支付期，充分运用供货方所提供的信用优惠。如遇企业急需现金，甚至可以放弃供货方的折扣优惠，在信用期的最后一天支付款项。当然，这要权衡折扣优惠与急需现金之间的利弊得失而定。

5.2 银行存款

5.2.1 银行账户管理的管控模式

银行账户管理针对基层电网信息通信企业在境内外金融机构开立的各类本外币资金账户进行开立、变更、撤销等账户操作进行日常管理。基层电网信息

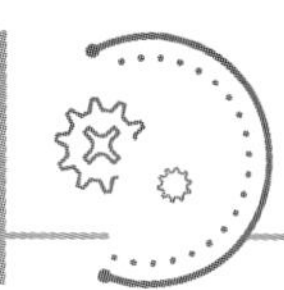

通信企业银行账户管理遵循“统一标准、分类管控、分级管理、精简高效”的原则，会计主体开立的银行账户均须由财务部门（财务机构）统一管理，实行收付款“省级集中”管理，严控开户金融机构范围，严禁出租、出借和转让银行账户，严禁以个人名义公款私存，严禁设立“小金库”“账外账”等违规、违纪、违法行为。

5.2.2　开立、变更和撤销银行账户

基层电网信息通信企业银行账户开立、变更、撤销管理遵循“分级审批、在线备案”原则,电 e 宝、支付宝、微信等第三方支付平台代收电费商户号的开立、变更、撤销按照银行账户审批程序执行。基层电网信息通信企业在管控标准内的银行账户可按照上级单位明确的管理要求开立，并通过信息系统逐级上报备案；专用账户以及因经营管理需要超出管控标准的银行账户，须经上级单位审核和公司总部审批后开立。基层电网信息通信企业银行账户开立申请、变更及撤销备案登记应详细说明事由、开户金融机构、账户性质、账户用途、账户使用期限等内容。办理银行账户开立、变更和撤销手续，须至少由两名财务人员到银行办理，不得由其他人员代办。各类账户均应纳入监控范围，完成银行账户开立、变更和撤销相关手续后 5 个工作日内，须在财务信息系统中维护相关信息，上传银行账户结算书、网银授权书等电子文档，确保信息真实、准确和完整。

5.2.3　银行账户的日常管理

基层电网信息通信企业需严格执行分级分类银行账户管控标准，及时清理超标账户、低效账户和闲置账户，提高账户使用效率。建立健全银行账户对账机制，按月编制银行存款余额调节表，及时核查清理未达账项。出纳要及时获取银行账户交易回单，交付会计人员进行账务处理，并按日核对企业账务与银行账户资金余额及收支交易明细；基层电网信息通信企业应安排出纳以外的财务人员获取银行对账单，按月编制银行存款余额调节表，并由财务部门负责人复核、签字。要及时核查清理未达账项，进行账务处理。常态

运用资金监控系统账户管理模块，实现对银行账户数量增减变动及授权情况在线监控；要加强应用电子单据和网上对账功能，实现银行账户交易回单、账户对账单和往来对账签证单线上传递，线上对账、线上反馈，提高工作效率；要深化应用自动对账功能，实现企业账务与银行账户资金余额及收支交易明细自动对账和在线监控、银行存款余额调节表自动生成和在线审核，以及未达账项在线闭环管理。

5.3 资金结算管理

5.3.1 资金结算的管理模式

基层电网信息通信企业严格落实企业集团收付款通用标准流程，依托资金收、付款结算池和全业务付款订单，实现现金流预算控制、会计确认、资金支付强关联，防范资金结算业务风险。常态应用收付款结算池联动业务功能，开展付款订单协同、收款预测、收款认款等工作，提升收款清分、分拣、匹配收支预测信息和推单制证的自动化水平。基层电网信息通信企业资金结算方式包括现金、电子结算、网银、票据等。通过公司统一资金结算平台办理结算业务；严格执行内部交易封闭结算要求；除监管政策有明确限制条件外，所有对内、对外结算业务均应通过在中国电财开立的内部账户办理电子结算。强化资金业务收支流程和资金分级授权审批的管控，严控各类资金结算业务管理，防范贪污、侵占、挪用资金等行为。严禁未经授权的机构或人员办理资金收支业务或者直接接触公司资金。

5.3.2 收入管理

基层电网信息通信企业各项收入必须统一纳入财务账内核算，严禁拖延入账、账外设账，严禁隐瞒收入，严禁截留、转移、挪用资金及设立小金库，不得坐支现金。基层电网信息通信企业严格执行各类结算方式收款流程，包括现

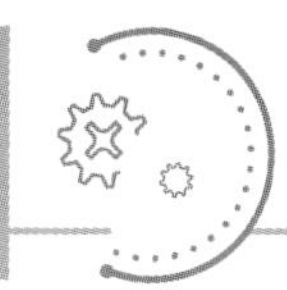

金、银行收款、支票、本票、银行汇票等结算方式，主要流程概括为：现金收款流程、银行收款流程、支票、本票、银行汇票等其他方式收款流程。

1. 现金收款流程

（1）会计审核业务经办人员提交的交款通知单，编制预制凭证。

（2）出纳根据预制凭证收取现金，打印收款条，交由印章保管人员审核盖章并交付业务经办人员。业务经办人员领取收款条，并在交款登记簿上签字。

（3）会计主管审核预制凭证和收款条，确认无误后生成正式凭证，将收款信息反馈至业务部门。

2. 银行收款流程

（1）出纳获取银行收款交易流水信息，生成带有唯一对账标识的银行到账通知单，推送至业务部门匹配实（预）收款项，同时获取银行回单并传递至会计。

（2）业务部门专责根据银行到账通知单和业务合同信息，匹配对应单位和业务，将匹配信息反馈至会计。

（3）会计根据银行回单和业务部门匹配信息，生成带有唯一对账标识的预制凭证。

（4）会计主管审核预制凭证和银行到账通知单，确认无误后生成正式凭证，将收款信息反馈至业务部门。

3. 支票、本票、银行汇票等其他方式收款流程

（1）出纳接收业务经办人员或交款人提交的支票、本票、银行汇票和交款通知单，在系统中录入票据信息，到银行办理收款。收款成功后打印收款条交由印章保管人员审核盖章并交付业务经办人员或交款人。业务经办人员或交款人领取收款条，并在交款登记簿上签字。出纳将交款通知单传递至会计。资金到账后，出纳根据银行流水生成银行到账通知单。

（2）会计根据交款通知单生成预制凭证。

（3）会计主管审核预制凭证和银行到账通知单，确认无误后生成正式凭证，将收款信息反馈至业务部门。

5.3.3 支出管理

基层电网信息通信企业需加强资金支出预算管理，所有支付业务纳入年度和月度预算，切实做到“有预算不超支，无预算不开支”，严格按照预算批准的付款项目、额度安排资金支付。确需发生的预算外资金支付事项，应履行预算调整审批程序后方可支付。强化资金分级授权管控，明确授权标准并嵌入信息系统，严禁未经授权的机构或人员办理资金收支业务，严禁超越权限办理支付审批业务，防范贪污、侵占、挪用资金等行为。强化付款订单和原始凭据管理，业务部门应准确完整填报付款订单信息，并保证提供的原始凭据真实、合法、有效，财务部门对不完整的付款订单和不合规的原始凭据不予受理。所有付款订单均应由前端业务部门发起，全程在线流转、线上审批、严禁篡改，确需修改的应退回业务发起端修改后重新发起。严禁无付款订单、原始凭据及会计凭证先行付款，严禁一人执行、代办资金支付不相容岗位职能。

5.3.4 资金安全管理

基层电网信息通信企业贯彻“安全第一、预防为主、综合治理”的方针，坚持“谁主管、谁负责”“管业务必须管资金安全”的原则，实行全面、全员、全过程、全方位的资金安全管理。

严格按照不相容岗位相分离原则设置资金管理相关工作岗位，分别配备出纳、资金收支审核和资金收支审批岗位，且不得兼任。出纳人员不得兼任稽核、会计档案保管和收入、支出、债权债务账目的登记工作，不得从事银行存款余额调节表编制工作。出纳、资金收支审核等资金管理关键岗位应使用正式编制员工。严格执行回避制度，单位负责人的直系亲属不得担任本单位财务机构负责人和会计主管，财务机构负责人和会计主管的直系亲属不得在本单位会计机构中担任出纳。建立资金岗位定期轮换、交流和强制休假机制。出纳人员至少每 3 年轮换一次，每年强制休假一次或与其他单位相同岗位人员短期交流一次。替岗人员应在替岗期间完成现金、银行账户余额、重要票

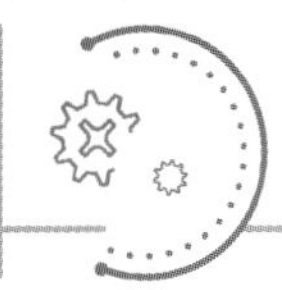

据核对及未达账项核实工作，并编制核查报告、审核存档。建立资金管理岗位交接机制，资金管理岗位人员轮换、交流或休假时，要严格按规定程序办理交接手续，认真核对会计资料，明确交接责任，并指定专人对其业务期内所经办业务开展稽核检查。

基层电网信息通信企业应采取自查、交叉检查、联合检查、现场抽查、突击检查等方式，不断完善检查工作的内容、方式和手段，每年开展不少于一次现场检查，避免“以信任代替监管”，排查资金安全隐患，提升安全管控水平。

5.3.5　资金支付实际操作

电网信息化项目的实施单位，其性质属于系统内成本性单位，项目支付资金来源主要是上级拨入资金，申请资金途径为拨款联动，财务管控系统中具体操作流程为：资金配比支付→出纳签名审批→开支与应付会计签名审批→会计主管签名审批→开支与应付会计制证→会计主管审核制证→拨款联动（下级申请）。向上级单位申请资金时的账务处理如图 5–1 所示。

凭证

查看单据　相关查询▾　辅助信息　附件　更多▾　关闭

记账凭证

账簿：01 中国大陆企业会计账簿　制证日期：2022-04-15　摘要：收国网冀北电力有限公司拨款　申请编号：1159

单位：国网冀北电力有限公司信息通信分公司　凭证编号：1000122139　附单张数：1　集团编号：57047　凭证归档号：L 010005100-202204-Z3-0022

新增　复制　删除　上移　下移　启动平账　数量外币　业务日期　清理关键字

序号	摘要	科目	对象	借方金额	贷方金额
1	收国网冀北电力有限公司拨款	1002 银行存款	中国电力财务有限公司华北分公司 901035960 901035960	1,680,000.00	
2	收国网冀北电力有限公司拨款	2243 内部往来	国网冀北电力有限公司资金集约中心 L010003700		1,680,000.00
3					
4					
5					
6					
7					
	借贷差：	0.00	合计：	1,680,000.00	1,680,000.00

图 5–1　向上级单位申请资金时的账务处理

月末完成付款后，通过“内部往来”科目，分别按资本性付款与非资本性付款进行资金结转，账务处理分别如图 5–2 和图 5–3 所示。

凭证

上一张 下一张 查看单据 相关查询 辅助信息 附件 更多 关闭

记账凭证

账簿：01 中国大陆企业会计账簿　制证日期：2022-04-29　摘要：资本化-国网冀北电力有限公司信息通信分公司　申请编号：1439

单位：国网冀北电力有限公司信息通信分公司　凭证编号：1000158310　附单张数：1　集团编号：225879　凭证归档号：L 010005100-202204-Z3-0022

新增 复制 删除 上移 下移 自动平账 数量外币 业务日期 清理关键字

序号	摘要	科目	对象	借方金额	贷方金额
1	资本化-国网冀北电力有限公司信息通信分公司-资金结转	2243 内部往来	国网冀北电力有限公司资金集约中心 L010003700	1,146,595.45	
2	结转-技改拨款-网局文件	2243 内部往来	国网冀北电力有限公司资金集约中心 L010003700		1,146,595.45
3					
4					
5					
6					
7					
	借贷差：	0.00	合计：	1,146,595.45	1,146,595.45

图 5-2　资本性付款资金结转账务处理

凭证

上一张 下一张 查看单据 相关查询 辅助信息 附件 更多 关闭

记账凭证

账簿：01 中国大陆企业会计账簿　制证日期：2022-04-29　摘要：非资本化-国网冀北电力有限公司信息通信分公司　申请编号：1438

单位：国网冀北电力有限公司信息通信分公司　凭证编号：1000158309　附单张数：1　集团编号：225878　凭证归档号：L 010005100-202204-Z3-0022

新增 复制 删除 上移 下移 自动平账 数量外币 业务日期 清理关键字

序号	摘要	科目	对象	借方金额	贷方金额
1	非资本化-国网冀北电力有限公司信息通信分公司-资金结转	2243 内部往来	国网冀北电力有限公司资金集约中心 L010003700	32,984,003.93	
2	结转-内部往来-经费	2243 内部往来	国网冀北电力有限公司资金集约中心 L010003700		32,984,003.93
3					
4					
5					
6					
7					
	借贷差：	0.00	合计：	32,984,003.93	32,984,003.93

图 5-3　非资本性付款资金结转账务处理

5.3.6　项目各阶段付款要求

电网信息化项目的合同付款分为首付款、进度款、质保金 3 个部分。

首付款一般为合同金额的 30%，进度款根据合同签订的内容不同，略有不同，并会根据国家电网公司相关要求调整比例。一般为首付款 30%，上线试运行后支付 30%，验收后支付 25%，质保金可以为合同金额的 5%。

1. 首付款支付条件

首付款支付，需完成合同签订并按照合同约定的时间支付。

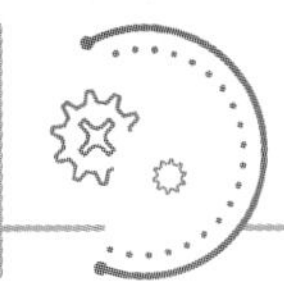

一般来说，在合同签订 30 日内支付首付款，或者在收到对方开具的增值税专用发票 30~60 日内支付首付款。

2. 进度款支付条件

国家电网公司统一组织验收或委托除冀北公司外的其他网省公司代验的项目合同：需提供国家电网公司或其他网省公司出具的项目验收意见，并根据验收结论及合同约定进行支付。

公司预验收合同：支付第一笔进度款时，需提供由项目相关业务部门签字盖章确认的上线试运行验收报告进行支付；支付第二笔进度款时，需根据《国网冀北信通公司项目竣工验收作业指导书》要求完成合同预验收，并提供预验收意见及合同结算报告进行支付。

信息化建设项目验收完成后，根据《国家电网公司信息化项目竣工验收管理办法》及《国网冀北信通公司项目工程结算作业指导书》要求，及时向财务部门提供项目结算。

支付质保金时，需要满足合同约定的质量及时间要求，填写质保金支付申请，经项目经理及运维部门领导确认后，作为付款依据。

3. 其他支付注意事项

需要注意的是，工程量结算清单、项目验收报告及结算报告，需放入凭证保存、存档。同时，各类内外部审计、检查要求，项目的合同作为项目重要资料之一，也需要作为附件放入凭证保存、存档。

因此，合同承办部门和参与合同及付款的审核、会签部门，在合同签订和价款支付工作过程中，注意各类资料的保存和留档。

工程财务报表和财务风险分析

6.1 工程财务报表

6.1.1 工程财务报表的内容

1. 资产负债表

资产负债主要对企业的经营活动进行反映，其中包含企业的资产情况、负债金额以及所有者权益相关内容，反映的是企业在年度节点对于企业财务状况进行综合分析后的结果。企业管理者能够在第一时间对年度财务数据中的内容进行获取，对企业的实际发展数据加强把控，挖掘其中存在的主要问题，从根本上控制企业实际存在的风险等。除此之外，资产负债表不但能够为企业的管理决策提供相应的依据，还能有效辅助企业的财务部门实行财务管理工作，尽可能减少企业的开支，提升财务管理工作效率，深入管理内部，做到全面覆盖，全方位展开，尽可能使财务管理工作更加完善。财务部门的实际工作中，有效

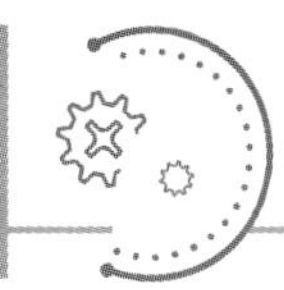

的财务管理制度是保证企业财务报表质量的重要因素。生产型企业在实际的财务管理中，对企业的生产状态可以有效监控，在融资能力、企业资产数值、所有者权益分配等方面深入探索。

2. 利润表

相对于利润来说，企业的资产负债表反映的数据更加全面，但是利润表也有自身的优势，其在反映企业经营利润方面的数据是比较清晰的，企业经营者在对企业的年度获利情况进行分析后，可将税前利润与税后利润拿来进行对比，查看自身在该时间段净利润的占比情况，为企业的财务管理工作者提供建议。财务工作人员寻找其中可以合理避税的部分，尽可能减少税负，保证企业下一年度运转拥有充沛的资金，降低融资金额，以免因为融资数量过大，造成融资方面的风险。由于一旦出现金融市场走低趋势，企业在自身发展中也将面临重大打击，融资风险需尽可能降低。在对理论了解后，财务管理人员对企业自身的获利能力可有充分的了解，拆解利润构成，可有效做到及时止损。通常情况下，外部审计机构与企业内部部门在评价企业资产状态的过程中，会将资产负债表与企业的利润表相结合评价企业的获利能力。

3. 现金流量表

现金流量表在实际应用中更重视企业在经营周期中资金的流动情况，包括现金的流动与流动比率，以表现出企业获取现金及现金等价物的能力。除此之外，现金流量表能够对企业经营活动的实际情况进行概括与反映，还能够有效为企业的经营者与财务管理人员提供企业的筹资以及投资规划方面的支持。通过现金流量表中的数据，企业能够对企业的经营财务能力进行分析。比如，企业在经营中，现金流量呈现负数，应避免企业长期陷入恶性融资的困境之中，如若出现入不敷出的情况，可采取一定的财务手段，包括调整融资结构，使长期借款合理分布在多家融资机构中；同时，可采用债券以及股票的形式获取资金投入，以及将企业剩余资产转化成现金等。在表现资金的流动性方面，现金流量表能够对常规分析中存在的不足之处进行有效反映，还能够有效对企业资金风险、经营风险等进行直观评价。

6.1.2 工程财务报表分析

财务报表分析是以企业基本经济活动为对象，以财务报表为主要信息来源，采用一系列专门分析技术和分析方法及分析程序，从偿债能力、盈利能力和营运能力等角度对企业等经济组织进行分析、综合、判断推理、从而系统地认识和掌握企业全貌的过程，它是财务报表的延伸，是财务报表功能得以充分发挥的必要条件，为企业投资者、债权人、经营者及其他关系企业的组织和个人了解企业过去、评价现在、预测未来作出正确决策提供必要的信息。

1. 财务报表分析的主体及目的

财务报表分析的主体包括：①企业经营者；②投资人、证券分析专家；③银行、供货方等债权人；④税务部门、行政监管部门；⑤消费者和地区居民；⑥企业员工和工会组织；⑦作为研究或调查对象对企业进行分析的分析者等。由于不同利害关系群体关心企业的目的和侧重点不同，为了从一般目的的财务报表中得出自己感兴趣的信息，他们往往需要根据自己的目的使用各种技术对财务报表数据进行加工分析。

通常而言，财务报表分析所要达到的目的是将财务信息数据直观化呈现在信息使用者面前。这些数据是非常具有参考价值的，其直接关乎企业的未来发展决策。企业的管理人员据此可以对企业的发展趋势作出预测，衡量当前的财务状况，评价企业过去的经营业绩。财务报表有多种，选用的财务报表不同，分析的目的也存在差异。

（1）从投资者的角度而言，对财务报表进行分析，能够了解企业的盈利能力，还可以分析资产，基于此制定投资决策。

（2）对于经营者而言，分析财务报表中的数据信息，寻找数据变化的规律，就可以明确企业的经营业绩以及企业的未来发展前途，对企业的经营状况充分了解，基于此为财务决策提供可参考意见，对于经营者提高业绩非常有帮助。

（3）债权人运用财务报表对企业的贷款风险进行分析，了解贷款与收益之间的情况，债权人据此作出资金融通的决策，让债权人知道企业内部资产是

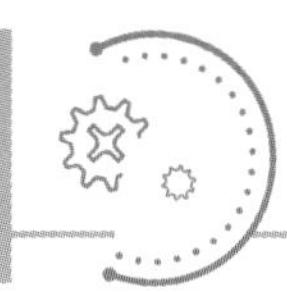

否正常流动以及流动的情况，知道企业的债务偿还能力，以及企业的盈利能力等，使得企业具备债务偿还能力，无论是长期债务，还是短期债务，都可以按期还清。

2. 财务报表分析的原则

（1）相关性原则。在进行财务分析时财务人员一定要关注事物之间的联系，站在长远的角度看待问题，不可对财务报表进行孤立的、静止的分析。

（2）客观性原则。在进行财务报表分析时财务人员一定要尊重事实，实事求是，一切从实际出发。

（3）可比性原则。可比性主要包括财务数据的纵向可比和横向可比。

（4）灵活性原则。在进行财务分析时要始终贯彻定量分析与定性分析相结合的方法。

（5）全面性原则。财务人员一定要多角度、多层次发现和分析问题。

3. 财务报表分析的主要方法

财务报表分析的方法主要有比较分析法、比率分析法、趋势分析法、因素替换法、图表分析法及财务报表的综合分析法等。

（1）比较分析法。比较分析法是指通过比较不同的数据，从而发现规律性的东西并找出预备比较对象差别，用于比较的可以是绝对数，也可以是相对数，其主要作用在于揭示指标间客观存在的差距，并为进一步分析指出方向。比较形式可以是本期实际与计划或定额指标的比较、本期实际与以前各期的比较，通过比较，可以了解企业经济活动的变动情况和变动趋势，也可以将企业相关项目和指标与国内外同行业进行比较。

（2）比率分析法。比率分析法是财务报表分析的基本方法，它是指将影响财务报表指标的两个相关因素联系起来，通过计算出来的比率，揭示指标之间的关系，评价公司财务状况和经营情况变动程度。比率分析法的优点在于计算简单，计算结果容易判断，便于在不同行业、不同公司之间广泛运用。

（3）趋势分析法。趋势分析法是指将两个或两个以上会计期间的财务报表中的相同项目进行比较分析，分析其变动方向和变动原因，以揭示财务状况和经营成果的变动趋势。重点在于比较不同期间同一项目的变动情况，它刻画

了财务报表项目随着时间而变化。趋势分析是降低不确定因素的唯一方法，因为单一年度的财务报表可以由管理当局自己做出完美解说，但若连续几年的不佳或恶化的记录，则难以掩盖问题。对财务报表进行趋势分析要有个前提条件：分析的各个会计数据在时间上必须连续，中间没有间断。

（4）因素替换法。因素替换法又叫因素分析法、连环替代法，是指顺序用各项因素的实际数替换基数，用来计算某项经济指标各影响因素的变动对该项指标影响程度的一种方法。因素替换法是以确定的因素替代顺序等一系列假定为前提的，其计算结果不仅具有一定程度的假定性，而且要受因素替代顺序的影响，所以，各指标的分析顺序一经确定，即不能随便更改，以使持续不断的该类分析结果具有可比性。因素替换法在成本费用专题分析中应用最为广泛。

（5）图表分析法。图表分析法是指将企业经济活动的数字采用图表的形式列示出来进行对比分析。采用图表分析法具有一目了然、思路清晰的优点。严格说来，图表分析法并不是一种独立的财务分析方法，而是各种财务分析方法的直观表现形式，将复杂的经济活动及其效果以通俗易懂的形式表现出来，直观反映了财务活动的过程或结果。目前，随着电脑及网络技术的完善与发展，图表分析法的运用基础范围和种类形式得到了空前的发展。

（6）财务报表的综合分析法。财务报表分析的最终目标是全方位的了解企业的财务状况、经营成果和现金流量，并对企业的经营效益的优劣、财务状况的好坏作出合理的估价，做出正确的决策。单个的分析方法和单个的财务指标结果往往是“只见树木，不见森林”，即不能从整体上对企业作出全面的评价，而财务报表综合分析能改善这种情形。在我国目前阶段，财务报表的综合分析法主要是沃尔比重评分法和杜邦财务分析体系，沃尔比重评分法是亚历山大沃尔发明的，他选取了 7 种财务比率，分别给定了其在总评价中占的比重，总和为 100 分，然后，确定标准比率并与实际比率比较评出每项指标得分，最后求出总得分来评价企业的各种财务状况和经营成果；杜邦财务分析体系是以净资产收益率为核心，其他指标都是围绕这一核心，通过研究彼此间的依存制约的关系，查明各项主要指标变动的影响因素，来揭示企业的获利能力及前因后果，

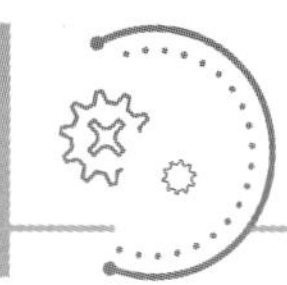

以实现企业价值最大化，同时也为企业优化经营理念、提高企业经营效益提供了思路。

6.1.3　财务报表分析在工程财务管理中的作用

工程管理是为自身创造出更多的经济价值，工程管理财务状况通过工程管理财务报表可分析得出，分析财务报表能够准确地展现出工程管理的经营状况和财务状况，同时财务报表分析包含着多样化的财务信息和非财务信息，这些信息是工程管理决策者和管理者做出计划的主要途径和指标，可通过合理分析工程管理财务报表后得出工程管理的实际状况。工程管理若想得到更好的发展，则需要对财务工作进行合理分析，从而帮助工程管理做出决策。

1. 财务报表分析是企业财务管理的基础

财务报表是记录和反映企业某一时间段的资产负债、利润及现金流等情况的重要文件。同时，财务报表中的相关数据均是企业财务管理实施的基础数据。通过核算与分析财务报表中的各项财务数据，可以为企业制定和落实财务管理决策提供科学、有效的数据依据，进而提高财务管理的针对性与时效性。

2. 财务报表分析能够有效防范财务风险

在企业中，财务风险不仅直接影响着企业财务管理的质量，而且也影响着企业未来整体的运营及发展。而通过全面深入地分析对资产负债表、现金流量表及利润表等财务报表，企业的经营者和管理者可以充分了解企业当前的运营发展情况与财务管理水平，以便及时发现财务管理中的不足与问题，如资金是否短缺、负债是否过高或其他隐性财务风险等，然后采取有效措施予以解决，以此减少企业运营发展中的财务风险，推动企业向前稳健发展。

3. 财务内部控制的基础

通常情况下，企业财务管理工作皆会以对企业财产以及货币等价物进行核算为基础。而当财务人员对其核算完毕后，需要以报表形式将其体现出来，此时便会制作相应的报表，所以对财务报表进行分析，不仅是企业财务管理工作的基础，同时也是财务管理工作的总结。

从财务报表所涉及的内容看，其内容主要包含资产负债表、利润表、现金

流量表、所有者权益变动表及附注。通常情况下，对财务报表进行分析时使用频率较高的为资产负债表、利润表及现金流量表。因此，企业财务报表分析工作也主要围绕这 3 种报表所展开，管理者可通过对这 3 种报表进行分析，进而提取出相关信息以及数据，以此为后期的决策提供数据参考保障。该作用主要体现如下。

（1）管理者可通过资产负债表，获取该企业财务管理问题中的负债、应收账款等相关情况，进而为企业后期经营中的债务管控工作给予加强，同时为企业内部的债务管理工作的细化安排提供依据。

（2）管理者可通过企业利润表获取该企业的获利、收入、成本等资金情况，进而在成本费用中及时查找相关问题并对其加以改善，以此实施企业财务内部管控工作。

（3）管理者可通过企业现金流量表，获取资金周转速度、流动性以及资金缺口等资金情况，进而采取相应措施解决财务管理中的资金占用问题，在实施财务管理内部控制的同时，还能加强企业的资金周转率。

4. 可有效防范财务危机

在大部分企业的经营过程中，财务风险问题是企业财务管理工作难以避免的问题之一，其不仅对企业财务管理工作有着巨大影响，还为企业的正常经营造成相应威胁。当企业财务风险问题严重时，便直接演变为企业财务危机，而企业管理者可以通过财务报表分析工作进而有效避免财务风险问题，以此防范财务危机情况。该作用主要体现如下。

（1）企业管理者可通过报表分析工作，及时发现财务管理环节的资金短缺、负债过高、还债压力大、资金流动性不足等情况，提前制定相应有效的解决对策，在财务风险问题出现之前，尽可能将风险因素给予消除和控制，以此降低企业运营中的财务管理风险，防范财务危机的发生。

（2）管理者可通过财务报表分析工作，在寻找财务风险因素过程中，及时发现非财务活动行为的风险因素，比如采购、生产、销售等。对相应问题采取有效的解决对策，消除由于非财务行为，导致的财务管理风险，使财务风险的发生概率降至最低程度，防范财务危机情况的发生。

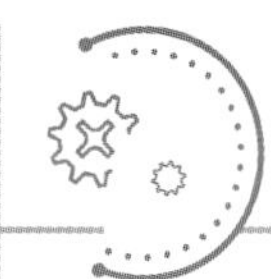

5. 为财务管理考核提供数据支持

当企业管理者在进行报表分析工作时，首先，会对报表上的数据进行观察，总结当前企业经营情况；其次，对报表整体以及企业整体经营情况进行了解；最后，根据报表所呈现的数据情况，进而对企业未来的经营、管理等情况进行相应调整。而在此过程中，便决定了财务报表分析的定量性质。定量性的财务报表分析，不仅能够为企业财务管理工作的绩效考核提供具有高准确性和公平性的数据支持，同时还能更好地体现出企业财务管理工作的考核价值。一方面，财务报表分析工作是基于财务管理工作对外公开的财务报表所开展的，而报表上所呈现的数据，皆是由企业各经营环节提供，并经过层层监督和汇总而出，与其他企业数据相比，财务报表数据具有更为良好的契合度和准确度；另一方面，企业财务报表分析工作为财务管理考核工作所提供的数据支持，基本上皆以定量数据为主，该数据与定性数据相比更为直观，并且也能避免定性数据的主观判断性，进而使财务管理绩效考核结果更具公平性。所以财务报表分析工作，不仅为企业发展提供帮助，同时还能使财务管理绩效考核制度更加具有公平性和准确性。

6. 准确描述财务管理状况

当企业管理人员在分析财务报表过程中，其内容便直接呈现出当前该企业的经营状况以及财务管理状况，所以企业财务报表分析工作不仅是对企业经营状况的检查，同时也是对企业财务管理状况的分析。管理人员在分析财务报表过程中，可以通过其内容及时找出当前财务管理工作中所存在的问题，并相应给予解决，进而使企业经营中的财务风险和运营风险的发生概率降至最低，同时还能通过财务报表分析找出企业经营潜力，以此提升经营效益。从企业管理者角度看待财务报表分析工作，可以从中观察出企业资源是否得到优化配置、各分支机构之间费用使用情况、利润收益情况、资产情况、往来账款情况以及收入、支出是否一致等因素，进而针对这些因素实施相应的管理措施，以此确保企业正常发展。

7. 为债权人评估提供便利

从企业内部财务报表使用者而言，其主要使用者为企业股东、董事会成员、

管理者或投资者等。而这些人员在分析财务报表时，不仅注重企业盈利状况，同时还会从中查找相应的财务管理漏洞，以此增强企业的运营能力。对于投资者而言，财务报表分析不仅可以使投资人更加深入地了解投资对象，同时还能有效保护自己的经济利益，降低投资风险。所以财务报表分析工作，在此过程之中便再一次体现出其自身的重要价值。

6.1.4 工程财务报表分析现状及改善策略

1. 工程财务报表分析现状

虽然财务报表一直以来都是工程企业单位内部日常运营和发展的重点，但是在实践中不难看出，仍然有很多问题直接对整个报表分析造成严重的阻碍，导致报表分析缺少针对性、有效性。由于工程企业单位本身具有一定的特殊性，涉及的主要业务与一般企业具有明显的差异性，工程企业单位对应的产品周期普遍比较长，对于工程项目的整体要求普遍比较高，所以，在整个财务会计核算方面也具有明显的不同。对我国目前工程企业单位财务报表以及管理现状进行结合分析发现，由于我国工程企业单位在这一方面的起步相对比较晚，现有的很多方法在实际应用中仍然存在很多弊端，很难达到实际要求。因此，必须要对其中的诸多问题进行客观分析，只有找出问题的原因，才能够提出有针对性的分析方法，保证财务报表的合理应用。

（1）分析工程管理财务报表方法存在不足。财务报表分析能够帮助工程管理作出正确的决策，让管理者掌握财务状况、现金流量状况以及经营情况。通常财务报表分析使用的是财务报表数据，但分析法看更重数据变化，忽略了出现变化的原因。传统分析不注重施工经营环境，从而导致分析的结果缺少准确性和客观性，财务报表分析法滞后，趋势分析法与比率分析法的结果更为滞后，当分析工程管理的标准未统一时，会让财务报表分析结果失去真实性。

（2）工程管理财务报表分析不全面。财务报表分析按照工程管理提供的财务报表，对工程管理的各方面进行分析，但财务报表分析过程未考虑工程管理运营的其他因素，比如工程管理的环境运营趋势，未全面分析财务报表，从而导致所得结果无法准确反映工程管理的真实状况。

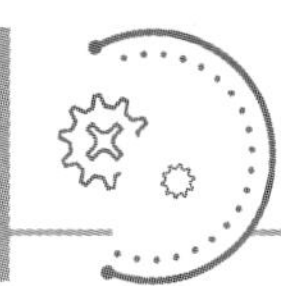

（3）工程管理财务报表中的数据存在不足。在分析财务报表时，优先获得分析财务报表的数据资料，财务报表的核心是会计数据，同时会计数据的准确性会让工程管理财务报表分析的结果受到影响。比如一些工程管理财务报表的数据和信息不准确；一些工程管理人员注重关键会计信息，忽略了不重要的会计信息；一些工程管理甚至为让外界看重效益，使用弄虚作假的方式，让信息和数据无法得出工程管理的真实财务状况。

（4）财务分析比率存在的不足。财务分析比例包含盈利能力分析、偿还能力分析和营运能力分析，分析数据主要是工程管理财务报表。因财务比率存在问题，从而让结果无法展现它的价值，财务比率分析存在的问题，是财务报表分析结果出现的问题，主要表现为财务比率分析不准确，工程管理评价标准未统一。

（5）财务报表分析的工作人员专业素养低。分析财务报表是制定工程管理的主要方式，它决定了工程管理的发展方向和结构，需要管理人员深度研究。财务报表分析的结果决定了工程管理的水平，因此工程管理需要重点对待此项工作。目前许多工程管理未认识到财务报表分析的作用，只依靠财务人员编制工程质量和进度，一些工程管理人员是非专业的，缺少会计上岗证，未经过专业培训，故财务报表分析人员无法符合工程管理标准，一些财务分析标准过低会影响财务报表作用，为工程管理带来不利。

（6）工程企业单位缺少完善的财务指标体系。在当前市场经济体制不断改革和创新发展的形势下，各行业在发展中面临的压力、竞争普遍比较大。同时，由于市场经济的快速发展，分工不断细化，导致行业内部各细分领域逐渐增多，即使是同一个行业，利用同一套财务分析指标，也有可能会直接影响到决策的最终效果。首先，在与工程企业单位财务管理现状进行结合分析时，发现工程企业单位在日常运营以及发展中，现金流、收款方式以及资金占用等各方面，与其他企业之间具有非常明显的差异性。在现实中，工程企业单位的财务分析人员对财务报表进行分析时，基本上都是直接利用其他行业的分析指标体系来进行操作，根本没有自己专门的指标体系作为支持。由于行业相互之间的差异性，所以，利用其他行业的指标体系对工程企业单位财务报表进行分析，很难

对其存在的问题进行确定，自然也无法对这些问题进行妥善处理。其次，在对财务报表进行分析时，如果是利用可比法进行分析，那么必须要在实践中将企业直接放入到整个行业中实现横向的对比分析。但是由于工程企业单位内部的财务报表分析发展历史相对比较短，起步也比较晚，根本没有可以参考的指标体系。

（7）财务分析不完整，对其经济活动分析不到位。财务报表一直以来都是整个财务管理工作中非常重要的组成部分，同时财务报表分析也是一门涉及诸多内容的学科。在实践中，如果只是单纯的学会了财务指标理论体系，缺少与行业相关的一系列专业知识，那么财务报表的分析结果可能不尽如人意，甚至有可能会出现非常大的差异性。对于工程企业单位而言，由于其自身一直以来都是财务报表分析的主体。在对财务报表进行分析时，主要是对其中的产值、收支额等进行客观的分析，但是却很少对工程企业单位是否具有短期的偿债能力、资产周转率是否可以达到标准要求等这些内容进行判断。久而久之，工程企业单位虽然在追求企业自身利润的最大化，但是由于忽视长期发展能力，无形当中导致企业自身需要面临的经营管理风险不断增加，会给工程企业单位的未来稳定发展带来严重的阻碍影响。

2. 工程财务报表分析改善策略

财务报表分析对于工程企业单位而言，具有非常重要的影响和作用。财务报表分析结果，可以被看作是工程企业单位内部各环节工作在具体展开中的前提条件，也是重大决策的主要依据。因此，必须要对现有的财务报表分析管理体系进行不断完善和优化，这样才能够保证工程企业单位可以在激烈的竞争环境中逐渐生存下来。

（1）健全财务报表分析法，使其展现出实用性。当前工程管理对于自身特性，并研制出适用于工程管理发展方式的财务报表分析系统，从而将工程管理的各类数据因素考虑进去，借助财务报表分析得出适用于工程管理发展的结果，来指导工程管理运营和发展。在分期操作报表中，可综合使用比率分析法和比较分析法，从各种方向分析得出财务报告，同时应谨遵统一全面的指导原则，联系工程管理的实际状况得出数据。

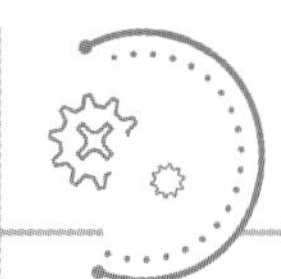

（2）使用工程管理财务评价指标系统，展现科学性。财务比率分析法分析工程管理的运营能力、盈利能力以及偿债能力等，按照工程管理的特征，使用财务比率考虑施工资金量大，周期长，偿还能力等因素，尤其是流动比率和现金比率分析、运营能力等，需要考虑收账款周转率，以其营业净利润指标分析。同时在此基础上，探讨工程管理的经营状况，使用比较分析法和同行业规模比较，判断同行业的位置找出差距，使用趋势分析法对工程管理连续几年的财务指标进行比较，展现工程管理的经营状况和财务状况，对发展趋势进行预测，探究工程管理的发展变化。

（3）准确地为工程管理提供财务报表数据，展现真实性。数据的真实性是工程管理财务报表的主要元素，只有保证数据准确，方可为财务报表的分析和探讨提供支持。因财务报表的数据是搭建组成，故各种数据的整理和分析需要建立在有效的数据上，制定和分析会计报表时需要反复核对，方可保证财务报表数据的准确。对于错误的数据，则禁止出现在报表中，防止出现不可挽回的损失。

（4）综合分析工程管理财务报表，展现全面性。在分析和总结工程管理财务报表时，要谨遵文中提到的真实性，科学性等原则，同时要将财务报表和工程管理发展有效联系，全面分析工程管理财务报表的情况，进而展现工程管理的整体性，更加深入体现财务报表的信息性。将比率有机联系进行分析，不可单看某种指标。从分析工程管理整体状况分析财务状况，需要将财务报表数据转为有效信息，对于帮助报表的使用人需要规避风险，做出科学决策。在当前社会经济发展中，需要认清经济形势，使用多样化的分析方式打破传统工程管理财务报表的不足，方可提高工程管理分析财务报表水平，提高工程管理决策的合理性。

（5）确定符合工程企业单位的财务分析方法。由于工程企业单位本身具有一定的特殊性，所以在对工程企业单位内部财务报表进行分析时，必须要与工程企业单位自身的运营以及发展现状进行结合，这样有利于对财务分析方法进行确定。在财务报表分析时，比较常见的分析方法包括比率分析方法、对比分析方法等，不同类型的方法在实际应用中都有各自独有的特点、应用价值，同时也有不可忽视的缺点。在实践中，要与工程企业单位自身的管理现状进行结合，与信息使用者的不同，对不同类型的财务报表分析方法进行合理的选择和利用。比如，比较分析法在实际应用中，该方法主要是根据财务指标的结果，与同行业或者是一些经营管理体系比较相似的工程企业单位展开横向的对比分析。通过对比结果，可以从中确定指标存在差异的主要原因，这样有利于为工程企业单位的长期发展提供可靠的依据作为支持。因素分析方法在应用时，主要是指要对本期与前期之间的差距进行重点考核和分析。也就是在实践中要对本期计划发生额与实际发生额之间的差距进行确定，以此为基础有利于提高工程企业单位自身的经营管理效率。

（6）构建工程企业单位财务报表分析体系。财务报表分析是工程企业单位财务管理中非常重要的组成部分之一，对整个工程企业单位的经济效益增长以及可持续发展而言，具有不可忽视的重要作用。其实财务报表分析与人们日常所提出的财务指标分析之间，具有一定的联系，同时也有区别，两者之间存在着一种包含关系。财务指标分析可以被看作是财务报表分析中的一种表现方式，在财务报表分析中，并不能够只是单纯的对几个财务指标进行计算就可以完成分析，而是要将工程企业单位自身的整体发展角度作为出发点。与此同时，还要将财务指标融入对应的财务报表分析体系中，从盈利、短期偿债能力等诸多角度出发，实现综合分析。这样不仅有利于对工程企业单位财务报表分析体系进行科学合理的构建和应用，而且还可以将财务指标在其中的应用价值充分发挥出来。工程企业单位财务报表分析管理工作在具体展开中，对整个工程项目的建设、经济的发展等诸多方面都具有非常重要的影响和作用。因此，必须要对工程企业单位内部财务报表分析体系进行科学合理构建和应用，同时还要对现有的财务报表分析方法进行确定，这样才能够保证工程企业单位财务报表分析效率、质量的有效提升。

6.2　财务评价

6.2.1　财务评价概述

项目财务评价是根据国家现行的财税制度和价格体系，从工程项目的角度出发，根据已知及预测的财务数据，分析计算工程项目的财务效益和费用，编制相关的报表，计算评价指标，考察工程项目的盈利能力和清偿能力等财务状况，据以判别工程项目的财务可行性的方法。

工程项目财务评价的主要目的有如下 4 个方面。

（1）从工程项目角度出发，分析投资效果评价工程项目未来的盈利能力。

（2）从工程项目角度出发，分析工程项目贷款的偿还能力。

（3）确定进行工程项目所需资金来源，编制相应的资金规划。

（4）为协调企业利益和国家利益提供依据。对一些国民经济效益非常显著，但其财务评价又不可行的工程项目，需要采取一些经济手段予以调节，使其财务评价可行，最终使企业利益和国家利益趋于一致。

6.2.2　财务评价的内容

工程项目财务评价的内容，围绕以上工程项财务评价的目的，工程项目财务评价主要包括以下几方面内容。

1. 财务数据的预测和估算

在对投资的工程项目的总体了解和对市场环境，技术方案充分调查与掌握的基础上，收集相关数据和资料，利用科学系统的方法分析和预测财务评价所需的基础数据，这些数据主要包括预计产品各年的销售量或产量，预计产品销售价格和未来的价格走势，估算固定资产投资流动资金投资及其他投资估算年总成本费用及其构成等，这些数据大部分都是预测数据，因此可靠性和准确度是决定财务评价成败的关键。

2. 编制各种报表进行财务分析

根据预测的财务数据，编制各种财务报表进行必要的财务分析计算，经济效果指标并进行评价，对于工程项目来说，主要需要编制的财务报表，有资产负债表，利润表全部投资现金流量表权益投资现金流量表资金来源与运用表。

3. 编写工程项目财务评价报告

将工程项目评价的步骤所采用的方法得出的相关数据和分析的结果写成报告，并最终从财务角度提出工程项目是否可行的结论，以作为工程项目决策的重要依据之一。

4. 工程项目财务评价的程序

（1）收集，整理和计算有关基础数据。

（2）编制基本财务报表。

（3）财务评价指标的计算与评价。

（4）进行不确定性分析。

（5）做出项目财务评价的最终结论。

6.2.3 财务评价的作用

工程项目财务评价是工程项目经济评价的重要环节，在市场经济条件下，财务评价的结论是判别工程项目在经济上是否可行的基本依据之一。财务评价在衡量项目财务盈利能力及筹借资金方面有着特殊的意义和作用，主要体现在如下 4 个方面。

1. 项目决策的重要依据

在社会主义市场经济条件下，作为自主经营，自负盈亏的经济实体对拟投资的项目能否盈利，投资能否在规定期限内收回，能否按时归还银行贷款等，必然会十分关心。工程项目的财务评价是项目决策的重要依据之一。

2. 投资信贷部门决定是否发放贷款的重要依据

财务评价报告可提供项目实施所需的固定资产投资额，流动资金投资额，资金的可能来源，用款计划及还贷能力等信贷部门所关注的问题。因此，工程项目的财务评价是投资信贷部门决定是否发放贷款的重要依据之一。

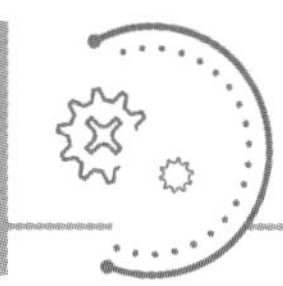

3. 工程项目可行性研究的组成部分

工程项目财务评价是工程项目可行性研究组成部分之一。根据国家发改委与住房和城乡建设部发布的《项目可行性研究报告编制指南》，可行性研究中应包含财务评价。根据财务评价的资金规划等报表，项目投资者可以此保证资金到位，使项目能按计划顺利实施。

4. 进行国民经济评价的重要基础

对于一些公益性或准公益性的工程项目来说，除了进行财务评价，还须进行国民经济评价，此时，财务评价是其进行国民经济评价的重要基础。

6.3　财务风险

6.3.1　项目财务风险概述

1. 项目财务风险的概念

财务风险问题是一个普遍存在的问题，在经济活动中，所有资金运作的过程当中都存在一定的财务风险问题。关于财务风险的具体定义存在狭义和广义两种定义。狭义上的财务风险认为，财务风险就是指在生产的过程中因为大量借贷而导致了到期的时候没有能力偿还之前的借款的客观存在的可能性；广义上财务风险则认为，实际生产活动产生的结果与预期结果不同是由于内外部环境的共同作用导致，致使产生对企业自身财务状况不利的影响，从而造成损失的可能性。财务风险的定义对工程项目也同样适用。

工程项目财务风险是指项目实施过程中资金的周转及计价、成本费用的计划和控制等因素影响项目的预期收益的可能性，也就是指项目在进展实施的过程中所发生的结果已经偏离或者有可能偏离原来预期的结果，而且这样的偏离是对于项目的财务问题不利的，即就是产生了项目财务风险。

2. 项目财务风险的种类

（1）投标阶段财务风险。企业之间的竞争主要来源于价格之争，以低价

中标是施工企业竞争的常用手段。一方面，一些企业为了追求项目的数量和规模，不惜忽略对利润的考量，也不顾企业自身实力及项目的技术难度；另一方面，随着民间资本的迅速积累，施工行业不再是由国有企业垄断，施工民营施工企业的数量激增，施工行业的准入门槛降低，恶性竞争加剧，竞争企业纷纷压低报价只为市场份额的占有。这两方面原因导致施工企业失去利益留存，难以保证日后的长远发展。所以，施工企业以什么价中标、获利多少的不确定性给企业损失的可能性就是投标阶段的财务风险。

（2）合同签订阶段风险。签订具有法律效力的合同能保障建设单位和施工企业双方的权益，是约束双方行为的有效手段。尽管合同详细到项目施工的每个环节，但是法律人员的职业素质、项目预算的精确程度、建设单位的付款方式、付款时间以及合同的索赔部分的完善程度都是导致企业因合同签订而遭受损失的因素。所以，施工企业因签订的合同存在不完善、不合理之处而导致企业因此遭受损失就是合同签订阶段的财务风险。

（3）项目建造阶段财务风险。

1）资金筹集方面。施工企业的资产结构大多是高负债特点，施工企业通常是负债经营。施工企业承接项目常用的融资方式有银行贷款、民间集资等，集团企业可以通过集团融资或企业内部短期借款。以上这些融资方式都有各自的特点，施工企业在承接项目时如果不充分考虑项目的资金状况和盈利能力，综合运用多种资金筹集方式，则很有可能因为资金供应不足，资金链断裂或是高昂的财务费用而给项目顺利进展带来阻碍。

2）资金回收方面。由于市场竞争激烈，目前大多数工程项目通常签订的都是垫资建造合同。建设单位根据已确认的完工程度，按比例支付工程款。但是垫资建造通常不可避免地造成项目存在大量应收账款。而正是应收账款的收回困难导致项目将资金收回困难导致的财务风险传导给企业，使企业遭受损失。

3）成本核算方面。无论是外部市场价格变化，还是企业内部制度规范程度都会影响工程项目成本的核算。内部规章制度的不健全导致项目在期间费用、原材料等方面存在的偏差成为影响项目成本核算准确性的主要原因。

4）收入确认方面。企业应根据完工百分比法在资产负债表日确认合同收

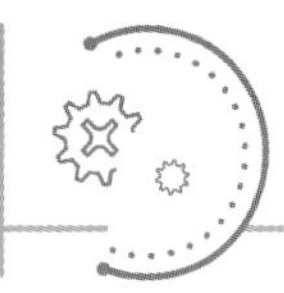

入和合同费用。但在施工企业的成本收入确认过程中，往往会存在诸多不确定性。比如原材料价格变化、施工方案变更等，不仅会影响工程项目合同总造价，按完工百分比确认的项目收入也会随之变化。而正是因为收入确认过程中存在的诸多不确定影响因素给项目带来的损失，导致了项目在收入确认方面存在财务风险。

（4）利润形成与分配阶段财务风险。利润的分配关系到对投资者和债权人的回报以及对经营管理者的鼓励，因此利润的分配必须立足长远，站在企业可持续发展的角度上进行考虑，避免因为利润形成和分配的不合理使企业陷入财务困境。

由此可见，施工项目的财务风险不是单独的、孤立的存在，而是存在于施工项目的每一阶段。任何一个环节出了问题，都会延伸到下一个环节，导致不可估量的不良影响。因此，对项目财务风险的控制也必须保证每一个阶段的万无一失。

3. 项目财务风险的参与者

所谓工程项目风险管理的参与者是指参与工程项目或者工程项目建设过程中所涉及的多个组织和个人。这些组织和个人有的直接参与了工程项目的实施过程，其利益直接受到项目成败的影响；有的虽然没直接参加项目的实施，其利益也间接地受到项目存在和项目运营的影响。项目利益相关者也被称为项目干系人，利益相关直接对工程财务造成直接的风险。

常见的工程项目财务风险管理的参与者有下列几种。

（1）项目业主。项目业主即项目的所有者，包括项目的发起人和投资人等。

（2）项目经理。项目经理是指负责管理与运作项目的个人，是项目法人业主委托的项目代理人，也是项目工程管理的核心人物。

（3）设计商。设计商是指项目业主委托的项目设计单位，全权承担项目工程的设计任务。

（4）建设承包商。建设承包商包括总承包商和分承包商，负责承包全部工程或部分工程建设任务。

（5）监理公司。受项目业主的委托，监理公司代表项目业主对承包单位在施工质量、建设工期和建设资金使用等方面实施监督，确保工程项目建设目标的实现。

（6）供应商。供应商是指为项目提供原材料、设备、工具等物资的组织或个人。

（7）咨询公司。咨询公司是指为项目提供各类咨询建议或提供担保、保险的金融组织。

（8）金融机构。即为项目贷款或提供担保、保险的金融机构。

（9）社区公众。社区公众是指项目所在地区的居民与群众，包括组织与个人。

（10）地方政府。即项目所在地区的政府及相关管理部门。

（11）用户。即项目产品的最终使用者或购买者。

4. 项目财务风险的识别方法

陈会英在《企业财务风险的识别方法与防范》一文中提出了企业财务风险识别的基本方法。依据内容不同，企业财务风险的识别方法可具体分为财务报表识别法、德菲尔法、幕景识别法及指标分析法 4 种。

（1）财务报表识别法。财务报表识别法是指以企业的资产负债表、利润表和现金流量表等具体的财务报表作为依据，对企业的经营状况和资产状况进行风险分析，以便于企业从财务的角度发现企业所面临的潜在风险。由于财务报表集中体现了企业的财务状况、经营成果和现金流量，通过对财务报表的分析，可以为发现风险因素提供线索和指示，这一方法目前已成为识别财务风险的重要手段。在财务报表识别方法中，不仅要进行静态分析，如比率分析、比例分析等，还要进行动态分析，如比较分析、趋势分析等。就企业的具体业务而言，还要对与之进行业务往来的客户的财务报表进行风险分析。企业应当充分利用综合、系统的财务报表分析法，准确地确定现在以及未来经营的风险因素，以力求实现企业更好更快地发展。

（2）德菲尔法。德菲尔法亦称专家意见法，是指在决策过程中采用集中众人的智慧进行科学预测的风险分析法。在识别财务风险时，先组成专家小组，

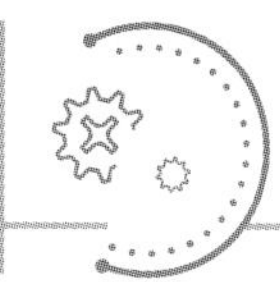

一般由具有风险管理经验的专家组成，然后通过信函的方式向专家提出巧解决的问题，并提供所需资料，专家依据这些资料提出自己的意见。得到专家的答复后，把专家的所有意见汇总起来，经过数据分析和理论研究，匿名再次反馈给每个专家，据以征求其意见，然后再进行综合反馈，如此反复进行多次，直到得到比较一致的意见为止。德菲尔法的关键环节是逐轮收集专家意见并且向专家反馈信息，收集意见和信息反馈一般要经过若干轮次。它的优点主要在于简便易行，具有一定科学性和实用性，可以避免传统会议讨论时产生的随声附和，或固执己见等弊病，同时也可使大家发表的意见较快地集中起来，由于结论具有一定综合性，参与者也比较容易接受最后的结论，使得意见也比较客观。

（3）幕景识别法。这是一种常见的西方国家识别财务风险的分析法，这种方法只能大致识别风险，进行定性分化，不进行定量分析。幕景识别法就像一幕幕场景一样，供人们比较研究。能够大致的识别关键因素以及其影响因素。一个幕景就是企业经营过程中某个状态的一个表现，当某种因素发生变化时，整个风险整体会发生什么变化，又会产生什么样的后果，风险管理人员就可从中辨别出哪些因素比较重要，值得考虑进去，而哪些因素又是次要的，可以先不加考虑，便于计算和分析。对这些因素进行分析和测评，可以对风险的发生以及发生的时间，发生的后果进行估量，并且鉴于此作出预警机制，对预防以后的风险发生起到一定作用。

（4）指标分析法。指标分析法是在企业经营过程中，在各种具体数据的基础上进行各种指标的计算，并进行对比和分析，从而得出预防和应对风险的具体方法。这一方法可与报表分析法一起使用，也可以单独使用。通过指标分析法可以评价公司的盈利能力、偿债能力、营运能力、成长能力及现金获取能力等，能够识别出公司的潜在风险。

1）盈利能力。盈利能力是公司生存和发展的基础，判断公司盈利的主要指标包括反映公司自有资金盈利能力的净资产报酬率、综合反映公司盈利能力指标的净资产收益率、反映公司盈利质量的净利润现金比率及反映公司销售能力的主营业务收现率。

2）偿债能力。分析和评价公司偿债能力是检查公司风险发生的重要方

面，而识别公司偿债风险主要从两方面着手，即短期偿债风险和长期偿债风险。借鉴以往学者的方法主要从流动比率和速动比率来分析公司的短期偿债能力，从资产负债率、利息保障倍数来判断公司的长期偿债能力。

3）营运能力。通过对公司营运能力的分析，有助于评价公司资产的流动性、挖掘资产利用的潜力。而公司营运能力的强弱关键取决于资产的周转速度，通常用周转率和周期来表示。

4）成长能力。从公司的成长能力可以看出该公司经营发展的持续力，而公司的成长能力不仅反映于企业财务状况和经营成果，而且反映于企业的生产经营管理和运行机制中。

5）现金获取能力。现金流量分析可以使信息使用者深入地了解公司的资本流量和管理。

6.3.2 项目财务风险管理

由于财务风险管理属于企业管理范畴，对于财务风险展开管理也贯穿企业经营过程。对财务风险进行管理是持续、动态、循环的过程。通常财务风险管理由识别、评价与控制 3 部分组成。首先是对于财务风险要素进行识别，通过不同方法，将企业在财务活动中可能产生的风险加以寻找，并进行一定形式的总结。在财务风险识别方法中，目前使用较多的方法是财务报表分析法，通过对于企业财务数据进行解读，运用相应指标加以判断，进而能够对于企业经营、偿债以及盈利等能力加以辨析，进而能够有效的将财务风险要素加以识别。其次是对识别出的财务风险加以评价，这是财务风险管理中的重要环节，通过识别财务风险要素，运用相应方法与手段，对企业财务风险进行评价，进而能够直观的体现财务风险影响程度，便于管理者后续根据财务风险影响制定相应对应措施。风险控制是企业财务风险的最后步骤，结合之前对财务风险要素的识别与评价，进而通过相应方法与手段加以规避，降低财务风险带来的影响。根据财务风险类型及危害程度，企业可选择不同的应对措施，从而规避财务风险带来的影响，通常采用规避、转移、防范等方式进行。

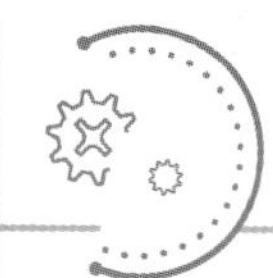

1. 项目财务风险管理的过程

财务风险管理是一个持续性的动态过程，贯穿于企业经营的始终。主要包括风险识别、风险评估、风险的防范三大基本要素，以及内部环境、目标设定、风险对策、信息和交流、内部控制5方面。根据“101条风险管理准则”，财务风险管理的过程如下。

（1）确立风险管理的目标。作为一种有目的的管理活动，一般来说，企业财务风险管理的目标是选择最有效的方法降低企业财务活动各个环节的风险。

（2）风险分析。风险分析包括风险识别和风险评估。企业所面临的风险，并不一定都是显露在外面的，很多意外的损失都是潜在的风险所造成的。因此，对风险进行正确的识别、判断是进行风险管理的前提和基础。选择正确的风险识别手段，注重相关信息的收集和辨别是本阶段工作的必要条件；风险自身的特点决定了风险所引发的损失会因时间、地点和条件的不同而不同。提高风险管理效率，降低风险损失的关键就是能够运用各种技术尽量准确地评估和度量出风险程度大小。

（3）风险预警。风险预警是指针对前两个阶段的分析结果中已经达到风险警戒线的风险发出警报。财务风险预警机制的建立通常是应用定性分析定量分析模型。

（4）风险决策。为实现风险管理的目标，要根据风险分析和风险预警结果选择成本低、安全性高的方案降低财务风险。

（5）风险的防范。风险的防范是在前两个步骤的基础上实现的，对已经识别、评估出的风险实施相应的措施和决策，以降低风险损失，并在此过程对风险管理措施和管理效果进行反馈和评价。财务风险防范的目标有战略目标、经营目标、报告目标和合规目标4个。其中战略目标是最高层次的目标，与企业战略目标相一致，经营目标主要是指企业在追求利润最大化的同时考虑到承担风险的大小，而报告目标则是指企业相关报告的可靠性，合规目标强调企业对法律的遵循。

2. 项目财务风险管理的方法

（1）财务分析法。财务分析法有很多种，常用的是比较分析法和比率分析法，以及在这两种基本方法上发展起来的趋势分析法、综合分析法、连环替代法等。

1）比较分析法。比较分析法又称为水平分析法，是一种通过比较同类财务指标在不同时期的数量来揭示财务指称差异的方法，它以绝对数的形式说明财务指标出现的变化和差异。比较结果有变动额和差异率两种表现形式。按照比较对象的不同，可分为绝对数比较、绝对数增减变动比较、百分比增减变动比较和比率增减变动分析等。

2）比率分析法。比率分析法是用来评价企业财务状况的重要方法，可以通过计算、分析同一时期或不同时期的相关财务比率，实现了解企业财务状况（企业资产结构、财务能力及发展趋势等）的目的。通常有 3 种情况：①计算两个相关指标的比值作为分析结果；②计算不同时期的同一比率进行分析；③选择有代表性的财务比率与标准比率进行比较。目前，我国最常用的 3 个财务比率是偿债能力比率、营运能力比率及盈利能力比率。根据分析目的的不同，比率分析可以分为构成比率、效率比率和相关比率 3 种。

3）因素分析法。因素分析法又称为因素替代法，它是一种通过分析某些相联系的因素对分析对象的影响程度的方法，可以按一定顺序逐个替换影响因素，计算出各个因素的影响程度。采用这种方法的前提条件是即使有若干因素同时发生变化，也只能假定除被分析因素外其他所有因素都无变化，从而确定每一个因素单独变化时所产生的影响。

（2）财务报表分析法。财务报表分析是以财务报表和其他相关资料为依据，来研究企业的经营状况和财务成果，其实质就是将报表数据转换为有用的信息，为决策提供依据。企业最基本的财务报表有资产负债表、利润表及现金流量表。作为企业财务报表的主要框架，3 张主表构成了其财务分析的基础。资产负债表可以反映出公司的资本结构的合理性、偿债能力和流动资金状况等财务信息；分析利润表可以得到公司的盈利能力和经营效率从而判断出公司在行业中的竞争地位，因为这是企业在某一段时间内经营业绩的体现，表明企业

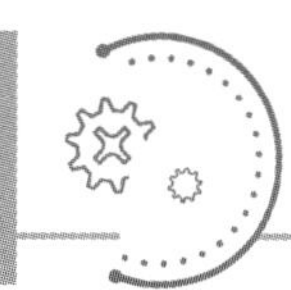

运用自己所拥有的资产的获利能力；现金流量表是以现金为基础编制的，它可以从经营、投资、筹资 3 方面揭示企业的运营状况和财务变动状况，借此进行企业的投资分析和业绩评价。

3. 项目财务风险控制

作为财务风险管理最后环节，也是较为重要的步骤之一。对于已辨别或未辨别的财务风险采取有效措施，进而减少财务风险对于企业带来的影响。一般情况下，企业会制定相应的对策来解决企业已经存在，或尚未发生的潜在财务风险。通常财务风险控制的方法有回避、转移以及保留 3 种方式。

（1）风险回避。在企业经营与管理的过程中，往往会采用对于风险加以回避的方式处理财务风险，并以此确保企业利润最大化。而作为目前企业管理者中，通过对风险进行回避虽然无法有效的取得效果，其原因在于管理者通常是在风险度相对较高、企业无法承受的时候来采取回避风险的控制措施。而作为企业管理者对于风险无法转移或者消除的情况下，他们也常会采用回避方式，减少自身因为处理财务风险所产生的时间与精力。

（2）风险转移。通过将风险加以转移，进而降低风险对于自身所带来的损失。通常企业采用与第三方联合及保险的方式转移风险，当财务风险发生，企业不能通过足够精力去面对或者相应财务风险无法避免，将会采取风险转移方式进行风险规避。企业采取风险管理方式，通常会支付一定的费用，但相对于财务风险给企业造成的损失，企业更倾向于采取损失较小的风险转移方式。

（3）风险保留。企业在生产经营中将相应的风险加以承担，通过自身资金或等价物支付风险所带来的损失，以确保企业能够可持续经营，此方式被称为风险保留。在风险保留中分为无计划与有计划两种。

1）无计划保留。是指当相关财务风险对于企业产生损失，在对损失进行预估的过程中发现实际损失超过企业预计，此时企业资金周转将会变得困难，相应的经营活动也会受到影响，故而企业迫于无奈进行无计划风险保留，此方法使用需较为谨慎。

2）有计划保留。是指通过制定相应计划、凭借购买保险等方式来预留相应资金，对于风险带来的损失加以弥补。

6.3.3 财务风险管控影响因素及措施

1. 财务风险管控影响因素

简单来说，所有的财务风险管控工作均是围绕资金的使用效率和资产保全增值为主线展开进行细化的。在工程管理的全过程中，有以下几项因素将对财务风险管控产生较为直接的影响。

（1）资产管理方式。资产管理往往是企业财务管理工作的重中之重，也是财务风险较为集中的区域。资产管理方式的合理与否将在很大程度上决定企业的资产使用效率和使用效益，在一般情况下，除实现资产保值增值外，企业还应努力实现降低资产占用资金，提高资产使用效益等目标。如果一个企业资产规模巨大，地区分布广泛，企业组织结构复杂，那该企业的资产管理工作将面临更大的挑战。

（2）业绩评价方式。为了实现生产经营目的，约束和激励员工行为，划分不同职能部门或岗位的工作责任和工作重点，企业通常会对各职能部门或岗位进行定性或定量的业绩评价，这是检验员工是否完成既定任务的一种方法，同时也决定了员工在该工作期间应获得的利益体现。业绩评价方法中，定量的绩效指标考核往往是考核的重点，财务类指标尤为重要。然而，在大型的企业组织中，一项业务往往被划分为多个作业流程，由各个职能部门相互配合才能完成，每个部门或员工同时受多项指标考核，各指标占据不同的权重，这时考核方式将对财务管理职能及其作用方式产生直接的影响。在理性假设条件下，员工总是会做出使自己利益最大化的选择。将这一假设运用到绩效考核中时，我们发现企业员工有动机改变工作方式和安排以满足考核的需要，优先或重点完成权重较大的考核指标，拖延甚至放弃权重较小的指标，严重时甚至弄虚作假恶劣篡改工作记录，人为操纵和利益博弈的结果就在所难免，绩效考核的本质效用将大打折扣，财务风险由此凸显。

（3）信息管理系统的应用。在信息技术发达的今天，企业管理中不可或缺地应用了高度集成的信息管理系统，管理规范化、自动化程度大大提高，管理模式和管理流程也发生了巨变。但是，由于企业实际状况和生产作业流程

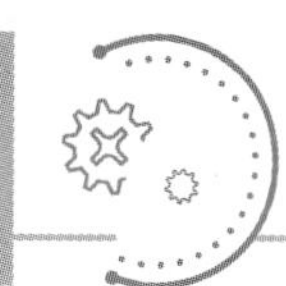

的差异，再发达的信息管理系统都不可能完全适用于任意企业，甚至连著名的SAP系统也不能保证在任何企业或业务中成功运用，还需要结合企业生产活动的实际业务流程和管理特点进行协调和匹配，国内应用大型信息管理系统最终失败的案例并不少见，除了造成大笔的经济损失，还造成企业管理模式彻底混乱的不堪局面。这充分表明信息系统的选取和应用存在不可忽视的风险因素，归其原因，主要体现在以下几个方面：①信息管理系统处理流程与实际工作流程的吻合程度不佳；②数据信息流转方式更为隐蔽，数据信息的逻辑关系难以厘清；③信息系统内的信息流转路径，不同种类信息之间的相互关联程度不同。这些因素都将对财务数据信息的真实性、可靠性、及时性等产生影响，若处理不当或数据逻辑关系混乱，则财务信息将失去参考价值，最终导致企业管理决策的失误。

（4）预算管理方式。预算管理自20世纪以来就一直是企业财务管理职能中的重要的一环，作为一种标准作业程序一直沿用至今。然而企业内外部环境变得复杂多变，不同性质的企业或生产特点应选择相应的预算管理办法，盲目照搬一般企业方法往往得不偿失，对于检修这类非常规的生产业务来说，其产品并非标准化流程化，业务发生的时间无法确定，工程施工规模也无法确定，一般企业的预算管理办法显然不能直接套用，必然会成为管理的障碍，甚至束缚企业自身的发展。

2. 财务风险管控措施

（1）提高财务风险管理意识。电力企业基建项目实施过程中会不可避免地伴随着各式各样的风险，其中包括政策风险、环境风险等，而所有这些风险最终都会在财务上表现出来，也就是财务风险，其区别也仅仅在于风险发生的频率以及损失的结果大小方面。所以，在电力企业基建项目建设前和建设中，上至集团总公司的管理者，下到基建项目中的财务管理人员，都要做好预防各种财务风险的准备，提高这方面的意识。从项目开始前，到项目实施过程中遇到的每一步都要提前进行预警、随时准备对风险进行控制。只有在思想上具备财务风险管理的意识，才能从根本上保证基建项目的后期正常运行，降低电力企业基建项目的财务风险，提高决策准确度。

（2）分散资金风险。分散风险是财务风险管理中的重要措施，因此，电力企业若想在基建项目实施过程中有效地规避、预防财务风险，就必须在内部建立起完善的财务风险分散体系。对于项目建设期的资金分散管理，有很多方式可供选择，其中有一种可减少额外费用的方式，即购买工程保险，这种财务资金分散方式能够将发生财务风险的可能性降到最低。建议电力企业可以根据银行标准，选择部分资金作为专门的工程保险资金，为财务风险分散提前准备。

（3）专门风险管理。电力企业在国家大力支持，快速发展的同时，逐步意识到了自己对财务风险管理的迫切需求，庞大的集团总公司和下属子公司的性质也导致了目前电力企业只能针对自己区域内的基建项目进行财务风险管理，集团范围内就难以具备完备的财务风险管理系统，所以，建立电力企业能够在子公司和集团都能够设立专门的财务风险管理机构，并配备相应的风险管理人员，对各类基建项目能够做到全过程的财务风险管理和预警，提高企业处理财务风险的能力，减少风险损失，增加运营收益。

（4）目标管理方法。目标管理方法是针对安全、风险类管理提出的，其原理就是首先为企业提供一个财务风险管理的大目标，然后根据特定情况对大目标作分解处理，将其分为一个个小目标进行实施，这就可以合理的与“权责利”等管理原则相统一，形成一个有效的财务风险管理系统。在将大目标进行分解的同时，也就将风险划分为一个个的小风险，目标更为清晰，风险也就更好发现与避免，每完成一个小目标，就是解决了一个小风险，如此就可以达到财务风险控制的总目标了。

（5）建立应急计划。对于电力企业基建项目的财务风险管理来说，要求其必须在阶段时间内有具体的风险管理和应急计划，而且这些内容要贯穿于项目建设的全过程，包括建设前期、中期和后期。

1）范围说明。首先要明确风险的成因，风险的种类以及可能造成的损失，以此为基础，对于沟通协作计划，也要有具体的方案部署。

2）具体内容。描述风险、风险出现的概率、计划安排及可行性、财务风险可能带来的后果，以及该计划有必要明确财务风险的负责制。还需要说明的是，根据电力企业的基建项目的进行情况，应急计划要及时地完善并更新。

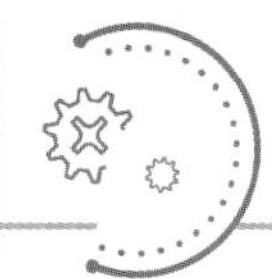

3. 全面风险管理策略

随着电力体制改革的开始，电力市场的竞争环境日益复杂，竞争程度日益激烈。我国电力行业所经历的改革过程包括“厂网分开、竞价上网”以及成立五大发电集团，并且实施发电企业自主经营、自负盈亏的生产经营方式。这些举措使得市场竞争主体向多元化的方向发展，发电企业面对的内外部环境呈现复杂化、多样化、动态化的发展趋势，面临的生存压力也越来越大。这就要求发电企业要通过建立健全自身的风险管理体系，提高风险意识，增强风险应对能力等方式来应对上述情况。2006 年，国务院国有资产监督管理委员会制定了《中央企业全面风险管理指引》，其中要求企业围绕总体经营目标，提高风险意识，梳理完善风险管理流程，建立健全全面风险管理体系，包括风险管理策略、风险理财措施、风险管理的组织职能体系、风险管理信息系统和内部控制系统等。

为了实现对投资风险的有效识别和控制监测，发电企业在基建项目投资风险控制领域可以采取全面风险管理策略。作为整体的宏观环境，我国电力体制市场化改革刚刚起步，管理体制不完善，因此，增加了生产经营活动中风险的不确定性，同时制定策略的难度有所增加。为了在投资基建项目时能够更好地应对，应该从以下两方面考虑：①积极关注政府政策制定导向的变化；②完善自身的风险管理体系，具体来说就是改革组织机构，提高企业生产经营人员的技术技能水平，增强风险意识，建立高效、快捷、通畅的风险预警控制体系。

电网信息化项目的资产管理和税务管理

7.1 资产管理

7.1.1 资产管理概述

资产是企业赖以生存和发展的物质基础，是带给企业预期收益的生产资料。科学管理资产、有效利用资产、优化资产结构、确保资产保值增值是资产管理的目标。电网企业的资产分布广泛，具有管理链条长、设备寿命周期长、实物变动与价值变动不一致等特点，给电网资产运行、维护与管理带来了极大压力。因此，加强电网资产管理、提高资产管理质量、实现资产全寿命周期管理已经成为电网企业推行精益化管理的核心课题。

电力体制改革后，中国电网企业的经营模式发生了很大的变化，由以前的以生产为中心转变成了现在以客户为中心，形成一种“机会和挑战共存”的模式。

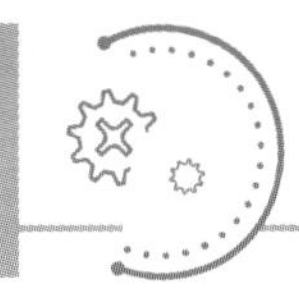

并且，随着外部市场环境的变化，发电企业为了提高管理运行的效率、提升核心竞争力，提高管理方面的信息化水平势在必行，加强资产管理的信息化水平尤为必要。资产管理的能力对于电网企业的发展有着举足轻重的地位，只有加强对企业的资产管理能力，才可以使电网企业合理稳定的发展下去，才能给企业带来效益，才能给人们带来方便，同时也提高了我国的经济水平。

1. 电网企业资产的特征

与一般工业企业相比，电网企业的资产具有很多鲜明的特征。电网企业是资金密集型和技术密集型企业，资产规模大、分布地域广、技术含量高，电网信息化项目资产管理的特点主要表现为固定资产价值高，无形资产数量多。

（1）固定资产价值高，规模大。电网企业资产总额中，固定资产比重占公司资产总额的 2/3，充分体现了电网资产的密集性。

（2）资产种类繁多。根据固定资产的使用用途，可以分为输电设备、变电设备、输电线路及设备、自动化控制设备与仪器仪表等类型。实物管理也涉及使用、保管、生产、基建、后勤等部门。

（3）资产变动频繁。随着电力体制改革和公司发展战略的确定，电网企业完成了资产的多次整合，企业间资产划拨与变动频繁。为建设坚强电网，国家加大了电网建设投入和更新改造力度，加之自然灾害和技术更新造成设备毁损、退役，造成电网资产变动频繁。

（4）寿命周期长。电网资产从规划、购置、安装、调试、使用、维修、改造和更新直至报废，寿命周期都在数十年以上。

2. 电网信息化项目形成的无形资产

电网信息化项目通常涉及转资成为无形资产。

无形资产（Intangible Assets）是指没有实物形态的可辨认非货币性资产。无形资产具有广义和狭义之分，广义的无形资产包括金融资产、长期股权投资、专利权、商标权等，因为它们没有物质实体，而是表现为某种法定权利或技术。但是，会计上通常将无形资产作狭义的理解，即将专利权、商标权等称为无形资产。

电网信息化项目形成的无形资产多数为软件、系统、专利权、非专利技术等。

此类无形资产在核算成本时，通常是按实际成本计量，即以取得无形资产并使之达到预定用途而发生的全部支出，作为无形资产的成本。对于不同来源取得的无形资产，其初始成本构成也不尽相同。

因为电网信息化项目是自行开发，所以，自行开发的无形资产，其成本包括自满足无形资产确认条件后至达到预定用途前所发生的支出总额，但是对于以前期间已经费用化的支出不再调整。

7.1.2 资产管理内容及特征

1. 资产管理内容

企业资产管理是从国外引进的，是属于市场经济运营模式，随着信息化技术不断地进步，我国电网企业已经从原来的计划经济体制向市场经济转变了，所以企业资产管理不光只是引进一项新颖的管理软件，其最需要注意的是要将企业经营的传统方式进行一个根本性的改变，使它变得更加科学、合理。本文论述的企业资产管理打破了之前的设备资产维修格局，它根据企业的资产维护功能建立收购、存余、监管、人力资源管理等几个程序，主要包括以下几方面内容。

（1）设备台账管理。设备台账是整个企业资产管理的数据基础，设备台账是以电力设备为干线进行组织，它从设备技术信息、分类计划、性能等入手，把设备和库存从各种各样的方面形成相互作用的设备，并且和工作指导书、设备图片、财务、铭牌参数、等数据相作用，把整个过程中的问题、运营、修理和移动的周密情况都记录在案。

（2）设备维护管理。企业资产管理把设备维护作为中心点，设备维护是把设备台账作为基础，根据工作指导书来规范各种工作。设备维护分为纠正性维护和预防性维护两种，如需要立即修复、报告不合格等直接产生工单或通过计划确定来生成工单的是纠正性维护；如策划检修、设备检测等通过计划生成工单的是属于预防性维护，然后再经过工单的允许、执行、和分析和报告这几个环节，来对设备进行维护。工作指导书是通过电网企业提供的检测规则、设备的性能和之前获得的维修经验来制定的。内容丰富，包含检修步骤、安全维

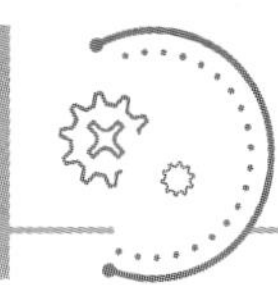

护、需要的工具和材料等。工单是设备维护的中心点，工单内容包括设备技术、人力等和维修有关的信息。

（3）库存管理。库存物资管理是企业资产管理的重要方面，一般使用 ABC 分析法，将重点货点、安全库存等有效的理论相结合，加强对物资管理的控制，确保适合的库存量。建立多种计价方式方便物资管理，比如先进先出、标准价格等，可以在仓库拿取有关物资来替换故障设备，并且在生产部门中修理损坏的零件后重新入库并做好标记，同时可以使用物资条形码管理的办法来定位查找设备和定位设备。

（4）采购管理。电网企业的物料采购除了一般物资采购的特点外，外包服务也是它的特点之一，比如询价、采购管理遇到的采购申请等几个方面。用信用金额来控制采购申请和清单，采购检查人员的信用额度需要不断的提升。企业资产管理是根据统计、预算、解析、优化这些环节来完成成本控制的。

（5）运行管理。企业资产管理系统满足调度部门的运行计划，创建设备合理运行、设备运行方式和设备运行高峰期等；运行管理监督设备从投入运行到结束的所有历史记录。根据自身的真实情况来建立合适的运行管理制度，这可以更好的规范和监督电网企业运行生产，完成电网企业基本业务规定的管理方案、并且通过对运行生产和历史数据进行调查和分析，使设备可以更好地运行。

（6）项目管理。项目管理对于安排工作十分重要，通过项目预测的人力、时间或服务的预测，可以对设备维修技改工程进行部署。系统提供和其余项目管理软件的接口模块，可以对项目进行详细的分析和研究，然后可以全面掌握项目任务之间的关系，使项目更好更快地完成。

2. 资产管理特征

和其余系统的接口是指和地位环境系统接口，以及供应电力生产控制系统、生产限制系统的接口工具。生产控制系统等其他自动化系统的有效数据可以通过行业数据接口标准来获取，突破生产控制系统和管理信息系统间的信息壁垒，企业才可以统一的掌管，给企业带来方便。

关键绩效考核 KPI 将指定岗位或者使用者重视的运营状况参数、数据等，

在通过对比、统计之后形成指标值，并且用各种各样的形式展示给有使用者或者相关岗位。比如工单的处理情况、设备的运行情况、库存设备的使用情况等，并且用动态图表的形式展现出来，方便用户使用。

7.1.3 资产转资要求和转资实操

1. 暂估转资

（1）前置条件。同时满足以下所有条件的项目或单体进行暂估转资操作。

1）项目或单体没有发起过辅助转资等正式转资流程。

2）项目或单体已经完成了工程结算。

3）项目或单体再次发起暂估转资（追加暂估转资）时，其不存在尚未完成的暂估转资工作单。

在对项目或单体进行暂估转资操作前，应确认项目或单体均满足以上条件。

（2）注意事项。对于同一个项目或同一个单体进行转资时，存在转资形成的固定资产分属多家单位的情况。对这样的项目或单体进行暂估转资时，由于暂估转资只形成一张暂估大卡片，因此只能有一家单位接收这张暂估大卡片。且该项目或单体在第一次进行辅助转资等正式转资时，仍需先将项目或单体的在建工程全部转给暂估大卡片接收方单位。待正式转资完成后，通过对正式转资固定资产的拆分和调拨，实现多家单位的固定资产接收。

（3）同一利润中心暂估转资。

1）业务说明。同一利润中心暂估转资指的是形成的暂估固定资产与项目建设单位同属于一家单位（即同一利润中心）。通过该流程，项目或单体需创建一张暂估固定资产卡片及一张暂估在建工程卡片，分录如下。

借：固定资产—暂估固定资产卡片。

贷：在建工程—暂估在建工程卡片。

2）操作说明。

步骤一：通过事务代码 ZFI010200 进入暂估转资界面，然后单击单击“同一利润中心暂转资”按钮，如图 7–1 所示。

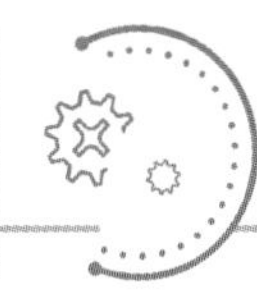

冀北暂估转资

同一利润中心暂估转资

同一利润中心暂估转资

跨利润中心暂估转资

暂估转资发送方确认

暂估转资接收方确认

上级单位过账

暂估冲销及报表

暂估转资冲销

暂估转资报表

图 7-1　暂估转资界面

步骤二：选择操作类型后，输入项目定义，如图 7-2 所示，然后单击执行按钮。

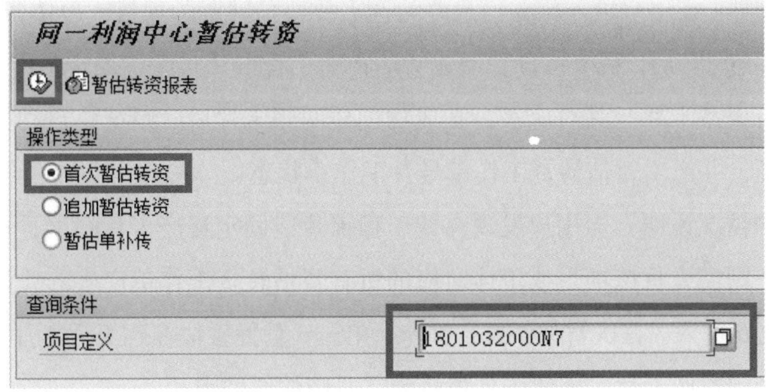

图 7-2　选择操作类型并输入项目定义

操作类型说明如下：①首次暂估转资，当项目第一次进行暂估转资操作时或该项目已将曾做过的暂估转资全部冲销后，可通过“首次暂估转资”进行操作；②追加暂估转资，当项目做过暂估转资后，项目又产生发生额时，可通过“追加暂估转资”进行操作；③暂估单补传，当暂估转资操作曾遇到报错，再次对该项目转资工作单进行操作时，可通过“暂估单补传”进行处理。

步骤三：进入界面后，首先系统将自动判断输入的项目定义是按照单体暂估转资还是按照项目进行暂估转资。判断依据为：项目定义编码前两位符合11~17、19、1A、1P、1Q其中之一时，系统将按照单体进行暂估转资；其余情况均按照项目进行暂估转资。在这一界面中，用户可以掌握构成本次暂估转资金额的项目总成本明细。注：当产生暂估在建工程卡片、暂估固定资产卡片或暂估转资凭证编号后，用户可以单击这些编码，穿透至相关界面查看明细。其次，用户选择需要进行暂估转资的项目，并填入该项目或单体的记账日期（默认当日）、暂估固定资产折旧开始日期（默认当日）、附件张数（默认为0）、利润中心（默认项目或单体的利润中心）、暂估固定资产细类（系统根据项目相关属性自动选择一个资产细类作为默认值）、暂估固定资产成本中心（无默认值）等信息，其中暂估固定资产细类需与业务部门确定具体细类，若涉及多项细类，可以该项目主设备的细类作为该条项目的细类，后期正式提出辅助转资后，系统会根据设备自动对细类进行修改；暂估固定资产折旧开始日期填写不可跨月，但折旧计提系统自动以下月为第一个月。

步骤四：在用户填入相关信息并勾选需要暂估转资的项目或单体，单击“创建卡片并过账”后，系统将自动创建暂估在建工程卡片与暂估固定资产卡片（该卡片没有设备卡片与其对应），在成功创建两张卡片后，系统将自动生成暂估转资凭证，并产生暂估转资工作单号及工作单状态。

特殊情况说明：当用户发现在建工程卡片或固定资产卡片有误，希望更换卡片时，则需先将该项目或单体对应的所有暂估转资工作单产生的凭证进行冲销，并重新进入“首次暂估转资”操作，单击“重置暂估在建工程卡片”或“重置暂估固定资产卡片”按钮，系统将清空对应的暂估卡片。

2. 辅助转资

（1）加强工程项目暂估转资管理。

1）建立设备台账。工程投运后15日内，项目实施部门（中心）组织设备资产盘点工作，并通知财务部门配合。设备资产盘点完全一致后由项目实施部

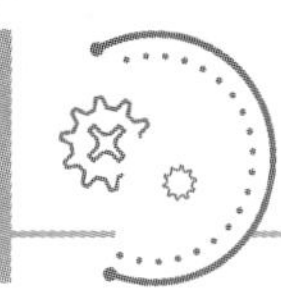

门（中心）、项目归口管理部门和财务部门共同履行审批盖章确认程序，形成《工程验收现场盘点清单》，缺少盘点清单的工程无法建立明细资产卡片。

2）实现设备资产联动。项目实施部门（中心）于盘点确认后 20 日内在设备专业管理系统完成设备台账创建，回传至 ERP 系统。

3）规范转资业务流。项目实施部门（中心）根据工程或系统建设实施情况，对符合暂估转资标准的项目直接提交投运通知单作为暂估转资资料，按照上级政策管控要求，待转资项目应提交验收文件，其中基建项目除验收文件还应提交《投运通知单》，当月发起正式转资申请，并同步履行移交备案手续。财务部门收到项目实施部门（中心）申报转资所必需的归档资料后，在系统内核查《设备台账》创建情况，于收到需求资料的 30 日内，按实际项目入账成本，分类别在系统内建立（暂估）转资大卡片，完成设备（暂估）转资。同时，按照资产类型划分，于相应月份计提折旧和摊销，并将完成转资项目纳入《年度已转资项目清单》统一管理。

4）加强入账管理。项目归口管理部门及项目实施部门（中心）应按照冀北电财〔2020〕470 号中相应报账时限要求，及时办理项目合同签订、变更、成本入账等工作。若有特殊原因导致未在投运后规定时限内完成全部报账，需就相关项目延迟报账、重开报账的，应履行延迟报账申请程序，审批通过后予以办理入账。项目转资后，如涉及设备资产在转资后发生调整变动的，应按照本通知“一、加强工程暂估转资管理”中相关要求，补充提报更新后的《工程验收现场盘点清单》、设备台账等备案材料。

（2）加强工程结、决算阶段财务管理。

1）加强决算前提报结算资料备案。项目实施部门（中心）负责开展工程结算报告编制及最终版结算批复（如涉及）工作，结算报告编制及结算批复获取应按 220kV 基建项目、110kV 基建项目及生产技改项目、其他工程项目这 3 类时限要求，于时限内将最终版结算报告及批复结果（如涉及）同步报送财务部门备案。财务部门在收到项目实施部门（中心）备案的结算报告及最终版结算批复（如涉及）后，于相应时限内，完成竣工决算报告编制工作。

2）加强转资结算跟踪。财务部门参照已纳入《年度已转资项目清单》，

将相关转资项目的结算资料及时性纳入线上看板。

3）加强竣工决算分级审批。如已转资项目为需纳入上级单位分级审批权限规定范畴，由财务部门组织开展申报审批工作，项目实施部门（中心）依据工程资产地图要求的必要资料清单配合提供相关材料，规范完成上级审批报备程序。

（3）规范账务调整及正式转资管理。

1）须调整的折旧差异。正式转资与暂估转资金额差异引起的折旧差异不作调整。财务部门在收到工程竣工决算批复或不需要审批的最终版竣工决算报告后，应于一个月内完成相关账务调整工作，按最终版决算报告金额对资产已暂估转资金额完成调整，但不额外补贴折旧。

2）年内折旧差异调整。其他因素导致同一会计期间内（年度内）转资延迟引起的折旧差异，财务部门按照《国家电网有限公司会计核算办法 2021》［国网（财 /2）469—2020］会计信息质量可靠性、及时性的要求，在每年 7 月、12 月分两批次统一发起年内折旧管理规范调整工作，对年内已计提折旧金额与转资备案资料显示的应计提折旧金额存在差异的，集中纳入《年内折旧调整项目清单》，发送项目归口管理部门及项目实施部门（中心）复核，按照业务复核无误后的反馈结果，由财务部门按照折旧补提规范流程，完成年内折旧补提操作。

3）跨期折旧差异调整。其他因素导致非同一会计期间内（跨年度）转资延迟引起的折旧差异，财务部门按照《国家电网有限公司会计核算办法 2021》［国网（财 /2）469—2020］前期差错更正的要求，在每年 7 月、12 月分两批次统一发起跨期折旧管理规范调整工作，对跨年度已计提折旧金额与转资备案资料显示的应计提折旧金额存在差异的，集中纳入《跨期折旧调整项目清单》，发送项目归口管理部门及项目实施部门（中心）复核，经业务复核无误后提报公司预算委员会进行审议。审议通过后，由财务部门按照折旧补提规范流程，履行上级申报备案程序，经上级审批完成追溯调整年初数及以前年度损益事项或当期损益。

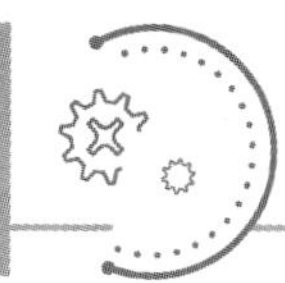

7.1.4　资产管理存在的问题及改进措施

1. 存在的问题

由于电网资产的特点，传统的职能化管理模式表现出固有的缺陷，成为电网企业管理中的一个“顽疾”。电网企业的内控环节所采用的资产管理模式是否合理对企业的发展有着重要影响。因此，电网企业必须不断增强资产管理能力，才能最大化发挥其资产的作用和功能，为企业获取更多的资产效益，推动电网企业的长远发展。

（1）固定资产实物管理与价值管理脱节是资产管理“顽疾”的表面现象。近年来，为了加强电网资产管理，提高电网资产质量，电网企业多次组织资产清理工作，但资产实物管理与价值管理仍存在严重脱节的情况，究其原因，无外乎以下几种：

1）基建工程和技改工程竣工决算不及时，财务无法及时反映实物资产变化造成的脱节（最长竟达十余年）。

2）用户工程捐赠资产和费用性支出（如大修）形成的资产，财务没有反映或一次性计入成本而造成资产盘盈。

3）资产价值管理与生产技术管理的要求不尽相同，造成固定资产卡片和设备运行台账的记录内容无法一致。

4）基础工作模糊，实物区分困难。

5）固定资产数量多，分布广，无法及时发现问题。

（2）职能化条块划分难以全面统筹资产管理。按照电网企业传统的管理模式，电网资产的工程管理、运维管理、技术经济管理与价值管理分属不同的部门，造成资产实际管理不到位和缺位。管基建的难以为运行管理着想，基建资料不完整造成完工资产无法完成竣工转资工作；管运行的只考虑其安全责任，加大设备的技改大修投入，难以考虑设备的经济运行成本，更无法考虑价值管理的要求；生产技术部门只考虑设备的技改和大修，难以考虑退役和报废设备的管理。

（3）所有者管理不到位是体制因素。为了明晰产权关系，避免资产的重

复建设，电网资产按其功能定位进行规划，国家电网公司、区域电网公司、省（区）电网公司分别是电网资产的所有者。对于跨省（区）坐落资产，大多采用委托资产坐落地省电力公司的运行模式，省电力公司下达到供电局，供电局落实到变电站，管理链条长，一般达到三级甚至四级、所有者管理要求层层衰减，无法得到有效落实。

（4）信息化管理水平低下导致资产管理难以互联互通。近年来，电网企业信息化管理水平有了大幅提升，但资产管理信息模块仍是“孤岛”。主要表现在以下两方面。

1）基建、物资、生产、财务等职能部门都有自己的一套系统，但大多各自为政，造成数据难以统一，资源极度浪费，难以达到信息传递所必需的及时、有效、灵活等要求。

2）各信息系统建立在不同的工作平台上，缺乏维护资产设备信息的一致性机制，难以实现信息勾稽和提示作用。

（5）资产寿命周期费用快速上升反映财务“病”。电网企业尚未形成企业级统一的资产运营管理思路，资产所有者、运维者和管理者脱节，基建部门、生产部门、管理部门的脱节，造成资产管理效率低下。随着“十一五”中后期电网建设规模的急剧扩大，电网企业运营资产规模迅速增加，进一步带来资产折旧费、资产运行维护费、财务费用的快速上升，预期收入的增长需要消化资产投资带来的成本费用的巨额增长，凸显经营压力。

（6）风险评估工作并未落到实处。在搭建完整的内控体系时，必须重视风险评估这一重要的构成内容，借助有效的风险评估环节，快速找出潜在的风险要素，健全内控机制。由于电网企业的资产管理环节众多，牵涉的项目极其复杂，因此其所开展的风险评估工作存在较高的难度，加上未能针对潜在的风险要素做出精准的评估与甄别，对于风险的评估和剖析所采用的方法也过于单一化，往往使得风险存在漏洞。

（7）资产管理模式的滞后性较强。当前，不少电网企业在进行资产管理时多使用账管模式，即针对报销入账、报废销账等环节的管理较为严格，但是，该类方式仅注重账物是否相符，对实物资产所涉及的物管环节并未进

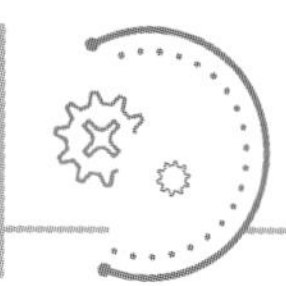

行重点关注，因此很难对资产所带来的使用效益进行精准的评估。比如，部分电网企业的资金充足，对于新的产品、设备及各类技术等品质要求较高，某些产品将要达到使用寿命结束期时，企业便以产品存在安全隐患为由提出报废申请。因此，电网企业对于物管的管控力度较弱，导致相关资产容易引发浪费。

2. 改进措施

（1）有效的推进风险评估工作，增强监控力度。对于电网企业而言，内部控制体系的搭建过程较为烦琐和复杂，属于系统化的工程，是确保经济有效周转、财务信息得以客观真实呈现的重要制度保障，同时，还有助于提高服务效率。就风险评估工作、内控及监管机制的推进而言，其有助于及时找出监控过程中存在的弊端和问题，规避以权谋私及违法事件的发生，同时将风险系数控制在企业能够承受的范围之内。为此，电网企业必须搭建更加完善化的风险评估及内控体系。比如在进行年终总结时，可在总结环节突出风险评估的汇报内容及实施效果，在固定资产的具体管理环节中融入风险评估的内容。另外，针对固定资产开展定期性的内控审计评估工作，如在年初实施审计，让内控体系的实施变成常态化的任务。与此同时，和资产管理相关的内外部环境发生变化时，需要针对资产的内控环节加强自我评估，聘请专家参与内控审计的评估工作。在推行风险及内控的评估工作之前，尽快确立内控评估体系的相关指标，对内控目标做出全方位的评估。另外，岗位需要严格分离，避免出现资产浪费或者闲置的情形，尽可能地发挥内控作用。

（2）健全资产管理网络信息系统，提高内部沟通效率。当前，电网企业的规模持续拓展，其内部所拥有的设备等固定资产不断增多，尤其是许多大型设备的采购价格较高，因此，该类企业必须及时搭建更加完善化的网络系统，积极运用现代化的管理理念、方法不断提高相关信息的收集速度，借助互联网系统及时共享资源。另外，电网企业在实施内控机制时，还要增强网络系统的安全防范水平，注重授权等环节，以便保障资产的使用效率持续提高，继而提高资源的共享力度。对于电网企业来说，如果要切实提高资产管理的内控能力，需要搭建顺畅的信息沟通机制及传导机制。该类企业所采取的信息沟通途径通

常包含传统和网络两种。其中，前者需要各个部门之间保持较好的沟通氛围，监察部门针对各项资产的实际使用状况召开专题大会予以探讨，如果发现资产的使用环节存在漏洞需及时找出，确保信息之间沟通的有效性和时效性；后者指的是不同资产的管理部门，通过网络平台及时对外发布其资产的使用状况等信息，借助网络平台增强信息交流、沟通的时效性，同时，对资产的具体使用单位、人员等履职行为予以监控。

（3）加强资产控制。对于电网企业来说，对资产的处理极为重要，所以，企业在资产处理过程中应制定完善的相关规定，遵守规章制度，依据流程逐级审批。在预算管理方面，电网企业在提高资产管理水平时，需要重点关注预算管理环节的相关问题，围绕预算组建相应的管理部门，对预算进行合理化的编制。同时，提高预算的执行力，保持预算刚性执行，不可在使用预算的环节中表现出较强的随意性。同时，在实施预算方案时，实现全面的监督和反馈，组织相关的绩效考评，全面利用预算管理的优势，提升预算控制力度。

（4）重视资产和资金配置的合理性。科研设施是优化电力行业环境、改善其服务质量的客观要素之一。对此，电网企业应结合自身的发展现状，积极引入与使用各种前沿的技术与设施，增强自身的市场竞争力。还应该重视设备采购和资金配置的实用性和可行性，权衡当中的经济价值，基于电网企业的经营现状，目标明确的稳步推进，防止出现资金分配与使用不当或资源配置失衡等现象，为电网企业造成经济损失，阻碍自身的长远发展。

（5）加强资产数据信息监管。构建资源数据化管理系统，强化数据分享，构建数据资源平台，既能够实现用户的检索、决策、归纳与管理功能，又可以面向各种资产数据进行全面、高效且及时的监管，推动对自身资源的配置和补充，提升管理机制的公开度和公平性，全面凸显资产管理的功能。

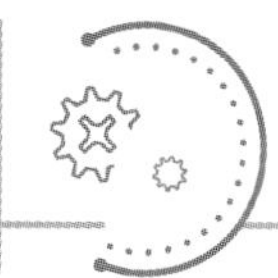

7.2　税务管理

7.2.1　电网信息化项目税务管理的重要性

在电网信息化项目建设过程中，涉及多种税目征收，加强电网信息化项目建设税务管理，有助于合理配置企业资源、降低企业税收成本、规避企业税收负担风险、税收违法风险、声誉和政策损失风险等税收风险，进而提升企业财务管理水平。

1. 合理配置企业资源

一个企业所拥有的资源总数一般是不会改变的，这就需要企业的管理人员进行合理地分配，电网企业的税务管理很大的一个作用就在于此。在之前，企业的经营管理方法较为粗放，导致了资源的不合理使用，大量的资源被浪费掉，不利于企业、社会的发展，不利于环境的改善。电力企业的电网数字化项目建设可通过加强税收管理，根据国家各项税收优惠、鼓励政策和各税种税率差异，进行合理投资、筹资和技术改造，优化电网数字化项目结构与资源合理配置。如电力企业可选择在投资与技术改造上税收优惠力度较大项目，实现企业内部产品结构调整和资源合理配置，进而提高企业的财务管理水平。

2. 降低企业税收成本

税收作为企业重要支出事项，具有高风险、高弹性的特点，规范电网数字化项目税收管理，正确了解国家税收政策，合理投资，明确项目建设涉及税种、税目、税率、申报方式等，是电网数字化项目税收管理的重中之重。比如，电网数字化项目建设过程中签订的信息系统运行维护与技术支持服务合同是否符合印花税税目“技术合同”征税范围，是否为改进产品结构、改良工艺流程、提高产品质量、降低产品成本、保护资源环境、实现安全操作、提高经济效益等订立的技术合同，如符合需要依法依规申报缴纳印花税，反之则不需要，这有助于企业在符合法律法规的前提下，节约税收成本。这需要企业财税人员加强税收政策学习，正确理解企业政策含义，合理进行纳税筹划。

3. 规避税收管理风险

税收管理风险是指纳税人因负担税款、违反税收法律规定等原因而可能遭致利息受损的可能性，主要包括税收负担风险、税收违法风险、声誉和政策损失风险等。

（1）税收负担风险。税收负担风险是指纳税人因过多过重税收负担而陷入经营危机的风险，其中纳税人计算缴纳税款发生的人员费用、交通费用、代理费用等纳税成本也应计算其中。电力企业在建设电网数字化项目过程中，应充分识别负担的各类税种，避免因专业不足而未予申报缴纳税款，也应避免过多申报企业税款。

（2）税收违法风险。随着税收法律复杂化、规范化，纳税人一旦对税收法律与政策理解出现偏差，造成税收违法风险不断加大。比如，分公司小规模纳税人转一般纳税人当月需进行增值税零申报，若企业办税人员当月 15 日前未进行相关申报，逾期申报则构成风险，虽可适用首违不罚规定，但企业办税人员应加强税务管理。

7.2.2　电网信息化项目税务管理的内容

企业在一定时期内取得的营业收入和实现的利润，以及发生的特定经营行为或持有的特定财产，应按法律法规的规定向国家缴纳各种税费。企业在发生纳税义务时，应该按照权责发生制原则的要求，将有关税费计入当期费用。这些税费在尚未缴纳之前暂时留在企业，就等同于企业借用了政府一笔资金，而且是无息的，从而形成了企业对税收征管部门的负债。

电网数字化项目主要涉及的税费是增值税、印花税。这里主要讲解增值税和印花税，不涉及企业所得税。

1. 增值税

电网数字化项目涉及最主要的税种是增值税。

（1）征税范围。增值税的征税范围包括在境内发生应税销售行为以及进口货物等。

（2）税率。根据项目涉及的内容不同，增值税税率不同。根据《增值税

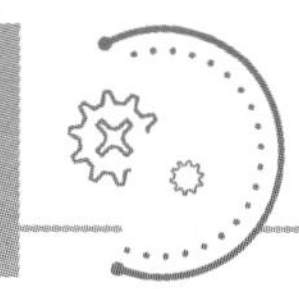

暂行条例》《增值税暂行条例实施细则》《营改增通知》等规定，电网企业增值税税率为 13%。项目购买技术服务时，形成技术合同，技术服务内容是税率是 6%。如果发生租赁业务，那么租赁业务的税率为 9%。

（3）增值税的计税方法。按当期销售额和适用的税率计算出销项税额，然后以该销项税额对当期购进项目支付的税款（即进项税额）进行抵扣，间接算出当期的应纳税额的方法。当期应纳税额的计算公式为

当期应纳税额 = 当期销项税额 – 当期进项税额

（4）公司账务处理。项目发生购销活动，都有增值税入账。在分公司层面，增值税需要汇总上交给上级公司，并不在本公司层面发生增值税缴纳，所以进项税、销项税都在月末统一结转至上级公司。

1）购入货物、服务、无形资产或不动产。

借：生产成本 / 应付账款—应付暂估款，应交税费—应交增值税—进项税额。

贷：应付账款—往来统驭。

2）销售货物及服务。

借：应收账款。

贷：主营业务收入，应交税费—应交增值税—销项税额。

3）向上级结转进项税额。

借：内部往来。

贷：应交税费—应交增值税—增值税列转—进项税额。

4）向上级结转销项税额。

借：应交税费—应交增值税—增值税列转—销项税额。

贷：内部往来。

2. 印花税

（1）征税范围。印花税是以经济活动和经济交往中，书立、领受应税凭证的行为为征税对象征收的一种税。印花税因其采用在应税凭证上粘贴印花税票的方法缴纳税款而得名。电网信息化项目发生的合同，需要缴纳印花税。根据其专业的特殊性，合同类型普遍涉及到技术合同、购销合同、工程承包合同等，根据业务内容不同，也会涉及租赁合同等类型。

（2）印花税的计税方法。纳税人的应纳税额，根据应纳税凭证的性质，分别按比例税率或者定额税率计算，其计算公式为

应纳税额 = 应税凭证计税金额（或应税凭证件数）× 适用税率

购销合同、建筑安装工程承包合同、技术合同的适用税率为 0.3%；财产租赁合同、仓储保管合同、财产保险合同的适用税率为 1%。

（3）账务处理。印花税应当在书立或领受时贴花。具体是指在合同签订时、账簿启用时和证照领受时贴花。如果合同是在国外签订，并且不便在国外贴花的，应在将合同带入境时办理贴花纳税手续。

1）计提印花税。

借：税金及附加。

贷：应交税费—应交印花税。

2）支付印花税。

借：应交税费—应交印花税。

贷：银行存款。

7.2.3 税务管理存在的问题

随着电网信息化项目新生发展壮大，其税务管理是一项系统工程，加大税务管理工作的开展力度，涉及电网信息化项目税务管理工作中存在风险性因素，新业务的规划有待进一步的强化。主要存在的风险性因素包括下面几个方面。

1. 税务专岗人员缺乏

财务与税务专业架构不同，目前企业从事财务管理的员工并未系统学习税务专业技能，因此税务专业知识架构不尽完善，熟悉工程财务管理方面的税务专岗人员更少，需要逐步充实。如果想发展税务人员，涉及正式人员变动需要有编制，相对固化的员工编制阻碍专职税务管理人员发展。因为“三集五大”体制的建立及不断完善，电网企业内部财务部门因为受到所规划的人员编制限制，部分企业缺乏专岗从事税务管理工作。同时，在社会层面，较为深入的税务专业继续教育工作尚不充分，这也极大地制约了税务专岗人员的学习与发展。

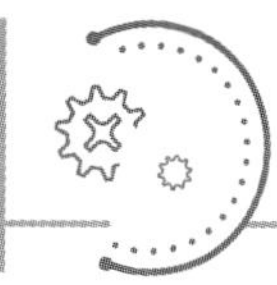

2. 存在涉税业务处理风险

企业与税务机关两者对税收政策的见解的沟通不足造成涉税业务处理风险。

最近几年来，我国的社会经济在不断快速向前发展，企业的经营模式也在日趋多元化，交易类型更加繁多，财政税收政策也随着经济的变化而逐渐调整，变得更加多元化。

对税收政策的认识，很大程度上取决于税务管理人员的专业知识以及理解能力这两个方面。对同一个政策，企业的税务管理人员与政府税务管理人员的解读不同，如再缺少必要的沟通，会导致方向不一致，做的事情也不同，最终给企业带来不可避免的税务风险。

比如，电网信息化项目涉及的营业合同印花税缴纳问题。无论是受托运行维护收入，还是综合计划下达的项目，均需要履行招投标程序，用中标通知书下达后，公司与供应商进行合同签订。在合同的各种形式中，有一部分合同是框架类合同，即合同签订时合同金额尚不确定，按照工作量来进行结算的合同。对于此类框架合同，印花税缴纳上可能存在问题。对于营业合同印花税是否缴纳，缴纳税率是否享受优惠，在这个问题上税务机关和公司的理解有差异，如沟通不畅，极易造成风险。

7.2.4　构建科学的税务管理体系

1. 设置专门的税务管理部门

目前，国网总部和各省公司已设立财税管理处，但市（县）公司尚未设立专门的税务管理机构。“三集五大”体系建设以后，不少省公司均撤销了市公司层面的会计核算中心、财务管理中心等二级机构，并入市公司财务资产部统一管理。在当前环境下，可以考虑在市公司及一定规模以上的县公司财务部设立专职税务管理部门，没有条件设立税务管理部门的单位，如规模较小的县公司，也应设置专职或兼职税务人员，为加强税务管理提供机构保障。

2. 配备合理的税务管理人员

税务管理与其他财务管理工作相比，专业性、政策性更强。要做好税务管

理工作，建立一支高素质的税务队伍尤为重要。电网企业在人才引进时，可以考虑招聘一部分具备较为全面的税务专业知识、一定的财会知识以及良好的沟通能力的税务专业人员，为加强税务管理提供人才保障。另一方面积极与单位领导、人资部门沟通，争取配备专职税务管理人员，让税务管理人员专注于税收政策的研究与应用。

3. 增强税收管理意识

电网企业在税收管理中存在很多风险，必须增强税收管理意识，加快企业的工作进度。税收管理工作是财务管理中不可分割的一部分并起着重大作用，需让税收管理穿插其中。内部要重视对税收的宣传，让税收管理更加科学化、程序化、规范化，让更多员工明白税收管理的真正意义，并进一步提高公司内部成员之间合作的协调性。财务管理部门要与其他部门之间增加沟通与交流，让经营管理与税收管理相互结合，让税收管理的解决办法应用到具体的实践中。

4. 健全税收管理制度

首先要确立企业税务管理制度体系，让企业的税务管理更加规范化、便捷化，尽量减少单人操作，增强相互监督，建立企业内控机制；其次要确立税务政策研究机制，明确税务政策变化的新的风向和政策内容，让税务人员与业务人员进行商量，让税务风险与税务统筹有机结合起来；最后要确立企业税收评价与监督机制，让税收管理工作做到有规可循，行事更加明确与高效，不断提高税务管理的能力和效率，让企业更加稳定的发展。

5. 增加与税务机关的沟通与交流

随着社会的不断发展，以及高科技和新产业的不断出现，税源收入的途径也日益增加，税收政策也在不断地优化以适应社会的发展。财务人员一方面要提高自身的学习能力，增强对新的税收政策的理解，第一时间掌握新税法的相关规定，并及时反映其中涉及税收的内容，还要合理运用税法，合理合法降低税务成本；另一方面，要加强与税务机关沟通和交流，争取税务机关理解，因为在政策执行过程中存在执行偏差，而税务机关有对此方面的专业解释权，及时向税务机关反映不确定的问题，能减少麻烦，有利于工作开展，在一定程度上也能降低税务风险，减少经济损失。

信息化项目未来发展和工程财务管理的应用

8.1 电网信息化项目未来展望

进入数字经济时代，信息通信技术不断推广普及，企业边界正在被重新定义。产消者、新的协作组织不断涌现，无论是企业、组织还是个体，面临的外部环境复杂性和不确定性也在呈指数增长。数字化转型正是当下企业或组织为应对上述外部情况，在管理方式、资源配置方式上作出的一种主动变革。随着能源革命和“双碳”战略的推进实施，未来的电力系统中，新能源高比例接入和终端能源多样化，将促使原来相对静态、可控的电力系统转变为动态、快速变化且不确定性增加的复杂系统。从这个角度来看，电力行业的数字化需要用动态优化策略提高资源配置效率，化解复杂系统的不确定性。

数字化是电力企业在互联网经济时代转型发展的“必经之路”，数字化不仅体现在对外业务层面的数字化，而且是内部经营管理的数字化。数字化转型进程不仅关乎能源电力企业高质量发展的成效，还将直接影响我国“双碳”目标、新型电力系统建设等重大战略部署的顺利实施。在当前的互联网时代，我国电力企业不断加快数字化转型的速度，伴随着大数据、区块链以及人工智能等理念和技术不断被应用于发电、输变电、售电等领域中，数字化转型的效果已初步显现。

8.1.1 电网信息化项目发展趋势

国网能源院数字经济研究团队对能源电力企业数字化转型呈现的新动向、新特征作了详细分析，形成了七大观察分析结论。

1. 数字化转型的 4 个新特征

能源电力企业数字化转型迈向新阶段，呈现出市场化、赋能型等 4 个方面新特征。

（1）数字经济快速发展，电力市场化改革加快推进，市场竞争因素成为能源电力企业数字化转型的第一驱动，转型动因由政策驱动向市场驱动转变。

（2）我国国有大型电力能源企业数字化程度进一步提高，平台化、服务化优势凸显，转型目标由助力生产经营向赋能产业链、供应链方向转变。

（3）在各级政府、企业“十四五”规划引领下，数字化发展成为企业全体干部职工的行动共识，转型重点由战略制定向落地转变。

（4）数字技术日益融入经济社会发展与能源系统各领域全过程，我国能源电力企业得以充分发挥海量数据和丰富应用场景优势，转型方式由注重技术创新向数据融合应用转变。

2. 以数字化战略为先导

能源电力企业以数字化战略为先导，推动转型适应国情、地情、市情、企情要求。能源央企数字化转型战略从企业发展全局出发，以推动高质量发展为主题，以改革创新为根本动力，以数字技术创新、产业数字化和数字产业化为主攻方向，主要包括体制机制、传统产业、数字技术、数字生态等战略环节。

国家电网公司制定发布《数字化转型发展战略纲要》，将数字化转型作为企业战略体系的重要组成部分；南方电网公司发布《数字电网推动构建以新能

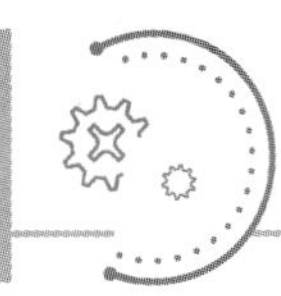

源为主体的新型电力系统白皮书》，对数字化驱动的新型业务形态给予了较高期待。

3. 促进能源企业运营效益效率提升

能源电力企业数字化转型要坚持系统观念，多维度、全要素发力，促进能源企业运营效益效率提升，激发各类市场主体创新活力。

（1）能源电力企业普遍具有资产规模与组织规模大、安全与效率重视程度高、业务环节复杂等特点，需要从战略、业务、管理、技术和运营多个方面共同发力，推动各类资源要素快捷流动。

（2）统筹平衡好“企业级”转型与各单位、各部门“专业级”发展的关系，帮助能源电力企业优化组织模式与管理机制。

（3）积极打造“可观测、可描述、可控制”的透明化企业运营模式，在更大范围内破解资源跨时空调节、信息不对称与信用不易传递等难题，助力电力市场与碳市场深度耦合与协同发展。

4. 推动新型电力系统建设

能源数字经济为统筹发展与安全两件大事提供重要推动力，以“电力 + 算力”推动新型电力系统建设。

发展能源数字经济的前景不仅体现在新能源云、能源工业云网、智慧能源服务平台等具有平台经济功能的新兴产业，对传统电力系统进行数字化优化升级同样具有巨大的潜力空间。以数据流引领和优化能量流、业务流，将电网运行、客户服务、设备监测等所产生的数据转化为强大的“电力 + 算力”，为用户与基层一线提供高品质数字服务，有利于为新型电力系统中各个市场主体赋能、赋值、赋智、赋权。

5. 聚焦绿色低碳

能源电力企业数字化转型聚焦在绿色低碳方向，立足国情、企情，为碳达峰、碳中和目标落地作出积极贡献。

电网信息化转型成为国内两大电网企业的战略共识，数据中台建设、能源大数据中心价值挖掘等典型举措已初步实现了对内提质增效、对外进行服务环境监测、碳监测等功能；发电、油气和管网企业持续提升数字化平台服务能力，

实现更加清洁高效的能源开发管理过程。

从成熟度分析评估来看，战略引领与科技投入是大型能源电力企业的转型优势，在生态布局、机制优化和文化建设方面仍存在不同程度的短板与不足。

6. 新技术改变能源电力生产和利用方式

5G、北斗、数字孪生等技术市场前景广阔，将成为能源行业创新发展的重要支撑技术。2021 年 5G、北斗、数字孪生技术进入技术应用的突破期，将广泛应用在电力系统设备巡检、新能源发电监测、系统辅助分析等重要环节，深刻改变能源电力生产和利用方式。

预计未来电网 5G、北斗、数字孪生技术投资总规模达 1500 亿至 4000 亿元，技术应用带来总的直接效益超过 1000 亿元。因此，对能源电力企业而言，在对当前电力系统中相关控制系统、信息系统建设以及数字技术和数据要素应用现状进行全面梳理的基础上，还需因地制宜应用电力北斗、5G、物联感知技术与装置，在电力数据与气象、水文、地理信息等数据的融合贯通下，加强自然气象与电力系统的作用机理与运行态势进行分析预测，引领社会资源参与电力系统供需平衡，支撑优化新能源发电资源的合理规划布局。

7. 高质量协同发展

以打通数据壁垒、挖掘数据价值为阶段重点，服务经济社会高质量发展。

（1）在服务产业经济方面，能源电力企业在新基建中要做好区域空间、产业协同、新兴市场三大布局，推动现代能源服务体系、能源数字产业集群加快升级。

（2）在服务区域经济方面，可依托电力大数据分析区域经济、城市群发展情况、城乡融合发展等，为国家制定有效的区域发展政策提供崭新视角。

随着能源大数据中心在全国范围内建设，能源数据对区域高质量协同发展的赋能效应将更加显著。

8.1.2 电网信息化项目转型路径

数字化转型是在信息化的基础上，向网络化和智能化创新发展的过程。坚持战略引领，加快数字技术与电力企业一体化融合，推进企业信息化、网络化、

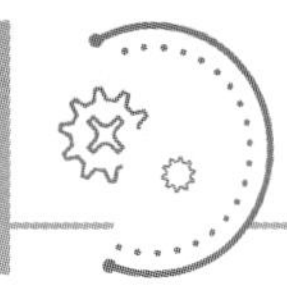

智能化，更好适应时代发展、客户需要和市场竞争。

1. 连接全流程，推行业务流程信息化

信息化是数字化的初级阶段，数字化转型企业必须经历信息化建设这个阶段。信息化主要是单个部门的应用，很少有跨部门、跨业务、跨产业的整合与集成，其价值主要体现在企业管理质效的提升上。在数字经济时代，电力企业信息系统和信息技术服务手段还不能满足数字化转型的需要。数字化的目的是创造客户价值，核心是企业内部环节之间、企业与上下游的连通互动，关键是数字技术与业务、管理、服务的高度融合。对电力企业来说，在组织规模庞大、业务体系复杂、管理链条长和客户群体众多的情况下，采用数字技术来支撑企业的管理决策、生产营销、客户服务等各环节及产供需链条一体化是必不可少的。

（1）开展数字化转型前期评估。数字化转型启动之前，要梳理企业的业务运营、人员组织、业务流程等实际情况，评估现有数字化转型基础，确立数字化转型的需求，弄清楚企业的商业逻辑，确定数字化转型方向。

（2）加强数字化转型顶层设计。在摸清家底的基础上，要统筹规划数字化转型，开展数字化顶层设计，找准数字化转型的切入点，明确转型战略目标和实践路径。

（3）重塑电力企业新形态。按照“顶层设计、数据集成、数字赋能、生态落地”的数字化转型思路，建立“扁平化、协同化、自动化”的新型的网状节点组织架构，构建“差异化、场景化、智能化”的新型管理模式，打造“以客户为中心”的主动、智能、精准、优质的客户服务模式和“去中心化、去中介化”的平台商业模式。

（4）贯通产业链上下游流程。对内要衔接传统管理模式下的业务、管理和服务断点，贯通业务、管理、服务流程，实现业务、管理、服务信息化。与此同时，对外要对接产业链上下游，打通生产链、供应链及需求链，实现产业链信息化。

（5）推动产业链上下游数字化。推动信息载体、通信方式的数字化，实现信息、知识及传输方式的数字化。加快电力企业数字化改造，推进产业链上下游的数字化进程，打造数字化生态体系，实现电力设备、产品、服务及产业上下游链的数字化。

2. 贯通全数据，确保业务管理网络化

所谓网络化，就是利用数字孪生等数字技术将电力企业物理世界中业务、管理和服务全部迁移到数字世界的互联网上，实现人与物理世界互联互通、在线互动。数字化转型的基础是数据，要实现数字化转型必须贯通全域数据，实现数据实时流动与共享。

（1）构建“三层”的数字化架构体系。数字化架构体系是构建能源互联网、实现企业转型的技术路径和基础设施，是把企业生产链、供应链、需求链三链合一，以及人财物一体化全部集成在云平台，促进数据、数字化电力产品和服务流动。因此，要以创造客户价值为目标，以数字化为驱动，加速新基建建设，构建以物理层、平台层、数据层为架构的数字化架构体系。

1）在物理层，构建以新型电力系统为基础，智能电网与油气网、热力网、交通网等网络进行互联互通的综合能源网络。

2）在平台层，推动智能电网与现代信息网络贯通协同，集计算、通信、控制于一体，构建数字世界和物理世界高度融合的信息物理系统，实现人与物理世界的智能互动。

3）在数据层，打造数字化电力企业，建设电力数字化生态，构建产业链合作平台与新能源生态链。

（2）构建智慧物联体系。统一物联管理平台建设，运用 5G、AI、边缘计算、孪生数字等数字技术，通过接入各类边缘设备、感知设备及终端设备，消除“信息孤岛”“数据烟囱”，构建状态全面感知、信息高效处理、应用便捷灵活、数据信息安全的智慧物联体系，提升设备智能感知和数据汇集能力，实现电网、设备、客户状态的动态采集、实时感知和在线监测。

（3）健全多种数据汇聚与共享体系。拓展大数据中心数据接入和服务范围，完善数据采集汇聚机制，打通“横向、纵向、端到端”三大数据流，实现客户到生产、从前端到后端、从边到云的数据互联互通。

（4）构建数据治理体系。数据治理是提高数据价值、实现数据资产价值

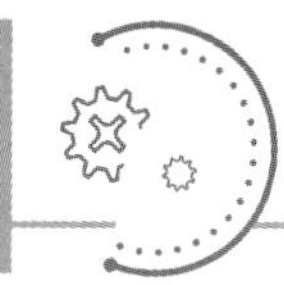

化的必由之路。为此，要把数据纳入企业资产管理，围绕数据的产生、传输、处理、储存、共享及可视化进行规划，构建全方位、全天候、常态化的数据治理机制，完善数据治理责任体系，提高数据全寿命周期治理效能和水平，确保元数据、主数据质量。

3. 应用全智能，实现数据资产价值化

所谓“全智能”，其核心在于通过将人工智能技术应用于企业价值链，全方位塑造电力客户体验，全面提升企业价值、商业价值和社会价值，实现数据资产价值化。智能化是数字化的高级阶段，关键是促进人机互补合作，实现数据驱动人科学决策、智能治理、价值创造。

（1）深入挖掘数据价值。

1）数据管理方面。对数据规则进行标准化处理、标签化管理，对所有数据统一语言、统一定义、统一标准，确保事前标准统一。

2）数据生产方面。通过建设数据中台、统一数据池，使数据入口是统一的、数据流是一致的；完善数据治理规则，对数据进行一体化、分层化治理，确保前端数据精准有效。

3）数据应用方面。通过 DRMS、Predix、APM 等数字工具对大数据精准化、智能化分析，增强云计算、边缘计算的算法算力，深挖应用数据价值，为客户提供高效化，拓展数字产业化，实现数据资产价值化。

（2）推进产业体系生态化。聚焦能源转型新业务、能源数字新产品、能源平台新服务，推动业务跨界化合作，构建智能共享的数字化产业生态。

1）服务于电力客户。适应能源消费低碳化、清洁化、电气化发展趋势，完善数字营销网络，提升终端用能状态全面感知和智能互动能力，推动各类用能设备高效便捷接入，不断满足各类客户不断升级的用电需求和服务。开展能效评估、能效提升、节能减排、故障诊断等场景应用，通过客户精准画像和深挖数据价值，为客户提供可靠、便捷、高效、智慧的全新体验服务和增值服务。

2）服务于能源行业。利用数字技术，实现对可再生能源发电的全息感知、智能分析和精准预测，用数据驱动能源行业创新管理、能效提升和绿色发展。

3）服务于政府高效治理。围绕服务政府治理现代化，聚焦发展规划、能源安全、环境监测、民生改善、应急保障等领域，充分利用数字技术，服务政府创新社会治理方式，促进公共服务共建共享，推动数字经济高质量发展。

8.2 工程财务管理未来发展方向

随着经济的发展和对外开放程度的深入，我国电力行业整体发展势头良好，但是市场竞争也越来越激烈，电力企业要想在激烈的竞争中立于不败之地，就需要不断提升企业的竞争力。电力企业需要在保证供电质量的基础上，不断提升服务水平，加强财务管理，以提高企业的经济效益，不断促进电力企业的发展。

8.2.1 提升工程财务管理的措施

1. 建立完善的财务风险管理体系

完善的财务风险管理体系是提升电力工程财务全面风险管理效果的基础。首先，建立全面详细的管理制度，有效落实项目经理责任制，明确其各项管理职责，建立与项目相关的财务管理责任书，增强各个环节管理工作的协调性，提升工程的规范性；其次，建立经济考核体制，明确项目管理人的财务管理责任范围，确保各项制度得到有力的执行和落实，保障工程周期，提升管理效率，有效降低工程风险。

2. 加强合同环节的科学管理

加强合同环节的科学管理，是电力工程项目财务管理工作的重点和关键。受电力工程项目自身特点的影响，工程合同的科学管理具有一定的难度，比如缺少正规的合同文本对工程合同进行规范与引导，合同的内容针对业主方面缺乏有力的制约，使得资金问题频发，权利与义务方面缺乏明确性等。由此便会直接增加财务管理的风险，所以加强合同环节的科学管理尤为重要。首先，在合同签订前要对内容进行严格的审核，确保合同的规范性和具体性，同时财务部门与业务部门的工作人员都要具有法律与财务方面的知识，确保所制定的合同具有法律性和完善性；其次，针对资金违约方面要进行清晰明确的规定，提

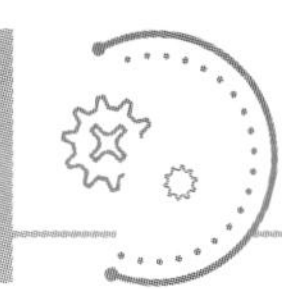

升合同对客户行为的约束，避免因无法及时高效的回收资金而导致企业资金链断裂的情况发生，增大企业的财务风险。

3. 建立完善的资产管理制度

针对电力工程的资产管理方面，主要体现在材料和设备的采购与管理中。这是财务管理的重点内容，一旦资产管理缺乏完善性，则会直接导致财务风险的发生。一方面，要对资产管理树立科学的认知，管理人员要以身作则，充分发挥领导的榜样作用，确保资产管理的重要性得到所有工作人员的高度重视；另一方面，要建立科学合理的资产管理办法，提升其可行性。比如建立清晰明确的原材料采购审批制度，对材料采购费用进行及时详细的记录，重视材料的成本核算与管理，派专人定期审查材料选购方面的财务情况等，提高资产管理工作的效率与质量，为财务管理提供准确的数据引导。

4. 增强施工环节管理的全面性与有效性

（1）重视施工项目开展前的相关财务风险控制工作，提升事前决策与管理的有效性，通过合理应用绩效考核模式，提升财务人员的责任意识与成本核算管理工作的效率。对项目开展前的财务风险隐患进行全面的分析，针对材料和资金方面的浪费，因施工周期模糊不清而造成的违约赔偿，以及设备耗损的费用支出等方面的财务安全隐患，建立全面有效的财务风险应对方案，提高财务风险管理的效率。

（2）对工程项目的实际施工环境进行财务跟踪与应对分析处理，结合实际工程项目的现状制定具有可行性的内控制度与审计制度，促进企业财务管理与业务发展能力方面的有机融合。

（3）加强财务人员风险识别能力的提升，利用定期培训的模式，确保员工能深入分析与了解工程项目内部的财务安全隐患，提高财务风险管理的针对性与有效性。

5. 构建完善的风险预警体系

构建完善的风险预警体系是提升电力工程财务管理有效性的主要措施。通过完善的风险预警体系，能对电力工程财务中的各项风险进行全面的监控与及时的预警，由此而合理的规避相关风险，提高财务管理工作的效率与质量，降

低财务风险对企业发展的影响。

6. 提升内部审计监督工作的有效性

加强电力工程内部审计工作的全面开展，有助于提升电力工程竣工结算工作的效率与质量。虽然电力工程的竣工决算通常都是采用外部中介机构审价核验的模式，但是良好的内部审计工作，能实现对工程整体建设过程的全面监督与把控，从而为外部审价工作的有效开展提供准确的参考和帮助，由此而提升工程竣工决算工作的优质性与高效性，增强财务管理的实效性。

7. 提高财务管理人员的专业能力与综合素养

一方面，要选择具有良好的专业知识与较高职业素养的人才组成财务管理团队，提升财务管理工作的专业性；另一方面，要对财务人员进行定期培训与考核，提升财务人员的风险识别能力与判断能力，财务人员自身也要不断的进行学习与提升，从而以专业的财务管理技能服务于财务管理工作。

8.2.2　工程财务管理未来新方向

电力企业财务管理是一项复杂而专业性较强的工作，从业人员不仅要全面了解电力建设的相关知识，而且更要具有企业管理和财会管理等相关专业知识和技能。电力企业财务管理工作由于涉及工程的各个方面，因此工作周期较长、系统性较高。电力企业要加大专业人才的引进力度，提高企业从业人员的专业素质，进而提高企业的管理机制和管理职能，增强企业的市场竞争实力，促进企业的进一步发展。电力企业要把企业发展和企业财务管理有机整合，以企业发展为基点，不断完善企业财务管理机制，提高工程财务管理水平和质量，从而有效降低企业管理成本和运营成本，不断提高企业的经济效益，使电力企业在新的时期获得发展的动力，实现企业的可持续发展。

1. 整合工程项目财务数据资源，构建大数据平台

基于财务管理及控制平台，结合项目整个流程的往期数据，构建大数据平台。采用最新的财务数据软件，及时收集并整合材料成本数据、非材料费用数据、预算数据、财务管理及控制系统项目资本支付数据、周边投资计划、资本计划及项目建设节点等数据，形成方便整个项目的管理，可以完全反映工程项目的

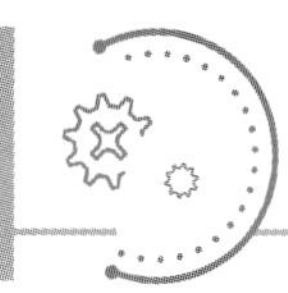

状态的财务大数据平台。同时，基于大数据平台，电网企业可以通过多维度、批量式等多种方法进行数据查询，并根据业务对象的明细数据（如项目、成本类型、供应商等）进行查询。项目财务数据资源的整合和大数据平台的构建，在各个项目的整体分析、资源分配优化和加强流程控制的整个项目财务管理中起着重要作用。

2. 加强工程项目各环节大数据的财务管理运用

工程项目整体流程的财务管理包括 5 个财务管理阶段，因此，要改进电力工程整个流程的财务管理，所有的环节都必须加强对大数据使用的分析。从项目计划阶段到最终竣工决算和后评估，整个流程必须与事实数据及工程项目一起积极分析。基于往期数据建立大数据平台，利用大数据平台作为工具，建立详细的项目预算计划。在项目实施中，实时比较实际项目资金支出和预算差距，使用数据来说明差异存在的内部原因。基于大数据平台，通过多种数据的计算和分析，建立财务管理绩效评价机制，在财务管理全过程的每个阶段有效地使用大数据，并始终通过完善的数据支持，将财务管理的整个流程相互串联，保证项目财务管理前后的连续性。

3. 拓展财务信息系统功能，对接财务信息系统与大数据平台

在工程项目的所有环节中，要想有效地强化大数据使用，就需要连接公司的财务系统和大数据平台，在整个财务管理过程中，通过技术实现大数据的使用。通过实时收集资金信息，通过对接端口，将资金在数据平台上的实时流动数据自动捕捉到会计电算化系统中，提高项目资金支付的管理和控制。对接信息系统和数据平台可以减少重复性的数据分析工作，可以快速弥补传统数据分析的缺点。比如，根据工程完成标准，自动获得工程项目结算款项金额，依照各种事先设定好的分配计算规则（如按资产数分配、按资产值的比例、按指定比例等），将所产生的工程资金支出、安装工作所产生的费用等转资成竣工设备等。在以后的工作中，系统会根据最终结算规则的参数设置，将财务信息系统与大数据平台连接，并迅速地将计算和分析所需的财务数据统一，自动完成最终结算处理。

8.3 工程财务管理的数据化转型

大数据技术为电力企业工程财务管理提供了全新的思路，电力企业财务管理通过大数据技术，能够科学地进行财务规划，合理地制定企业的发展目标，通过挖掘数据间的联系，能从整体上把握企业的经营发展现状，从而为企业的正确决策指明科学的出路。

大数据技术的发展为整个电力行业的经营、管理创造了全新的机遇。特别是对于电力企业工程来说，其财务管理数据相对集中，这些数据也成为电力企业财务管理工作的最关键、最核心的依据，财务部门掌控着整个企业的经营数据，这些数据能为企业财务预算指明方向，进而从整体上影响企业的近期规划与长远发展。随着大数据技术的发展，电力企业财务部门的信息化水平也持续提高，财务管理正在突破传统的以成本控制为核心，逐渐转向提升利润，基于数据分析的财务预算，其规划与管理更具前瞻性、精准性与实践性。从整体来看，财务管理正在朝着数据化方向发展，实际工作内容也在向业务管理渗透。电力企业工程无论是工程项目规划、建设、运行、交易营销都需要大数据技术的支持，而且信息化水平在不断提高，大规模、大范围的财务数据为财务计划、管理、规划提供科学的指导，财务管理工作效率显著提高，未来的电力企业财务管理也势必朝着数据挖掘、整合分析的方向发展。

8.3.1 打造业财共享型工程财务管理体系

提质增效是当前国家对国有企业提出的一项重要的战略性任务要求，2020年4月，国资委两次召开部分重点行业中央企业经济运行工作座谈会，要求各企业真抓实干坚决打好提质增效攻坚战。打造业财共享型工程财务管理体系是主动适应新基建发展的必要手段，也是助力电网企业战略落地的重要推手。从电网发展要求来看，国家电网公司确立了“建设具有中国特色国际领先的能源互联网企业”的战略目标，围绕战略落地，推动工程全过程资源有序运转和精益化管理，电网投资规模大、项目数量多、涉及区域广，工程建设任务繁重，

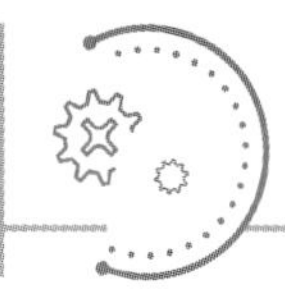

工程管理历史遗留问题多，工程项目全过程精益化管理是提升公司管理水平的迫切需要。

公司应以“全流程信息反映、全过程精益管控、全方位深度融合”为目标，以“投资能力定规模、投资预算控成本、资金支付管过程、竣工决算促转资、数据挖掘助决策”为路径，打造业财共享型工程财务全过程管理体系，建设思路如图 8-1 所示。

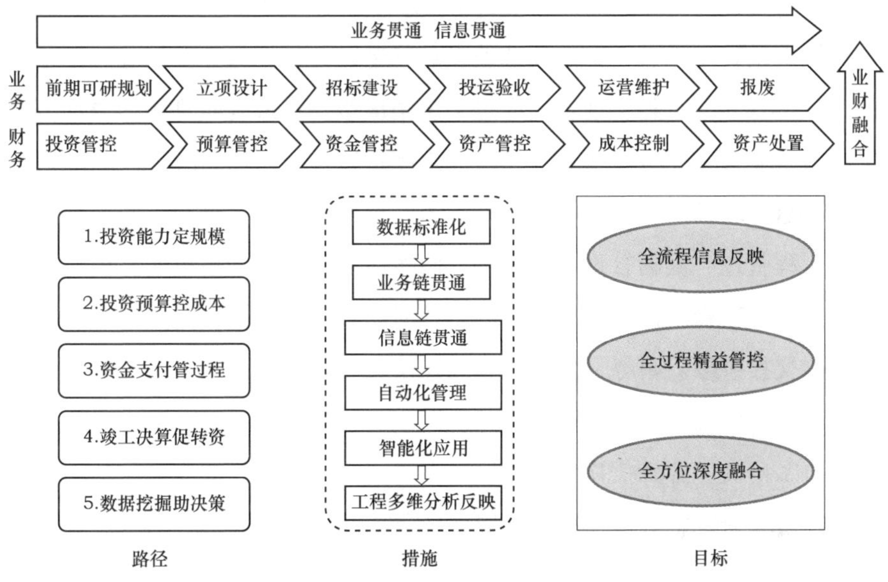

图 8-1　业财共享工程财务管理体系建设思路

把工程财务管理与项目全过程融合，利用当前先进的信息化技术和企业管理工具，以业务链为主线，明确工程管理全过程职责、流程、管控权限，加强工程财务在各业务环节的管控，梳理各业务环节数据链、价值链，建立实时共享的工程财务全链条数据库，开发智慧共享型项目全链路管控系统，构建工程多维分析反映体系，开展智能化分析及应用，加强智能化决策支持，实现对项目的全过程精准管控，实现财务管理精益化、应用平台智能化、业务处理高效化，进一步夯实输配电核价有效资产基础，增强公司盈利能力。

1. 链路贯通，构建业财共享体系

工程项目全过程财务管理就是以系统论、控制论、运筹学和组织行为学为

方法论，将财务管理贯穿于项目建设生命周期的各个阶段，包括项目前期、项目立项、项目建设、投运验收、结算、竣工决算等阶段，通过梳理各环节的数据链、价值链，实现基建管理体系的优化和完善，从而提升工程项目全过程管理水平。

前期费采用项目进行管理，规范每个单位每年一个前期费项目，按照每一正式项目对应一个前期费单项工程 WBS 元素，实现项目创建完成后，自动下达及预算发布，自动维护结算规则功能。开发月结机器人，实现月末自动结转。优化前期费结转工作流，实现前期费自动核销，并依据概算金额分摊至正式项目的单项工程上。工程管理部门通过系统集成接口将最终概算明细数据传递到 ERP 系统。物资部门及时共享最新的物料编码、物料编码和标准 WBS 架构，由工程项目管理部门完成系统的自动导入，形成物资需求计划，在线推送物资部门。工程管理、实物管理、物资等部门按职责分工办理现场实物核对清点及移交手续。工程管理部门在规定时间内及时向财务部门提供完整的批复结算并办理资料交接手续。财务部门在工程竣工决算阶段，开展建筑、安装、其他费用分摊，并完成竣工决算报告编制。

2. 自主研发，实现项目智能管控

通过自主研发，打造智慧共享型项目全链路管控系统。

（1）引入 RPA 流程自动化机器人，以工程立项、工程建设、工程转资等关键环节为切入点，通过模拟人工交互，实现项目创建、工程月结、费用自动分摊、转资、决算等场景定制开发，实现项目全链条自动化。

（2）工程款入账环节采用 OCR 智能识别，实现信息全流程在线反映、发票智能识别及验真。

（3）实现工程全过程数据分析及多维展示，提供数据支撑。

3. 精准反映，打造多维分析体系

以工程全过程管理为主线，按照“全面覆盖、突出重点、业财协同、纵向贯通、求同存异、循序渐进”原则，构建工程多维分析反映体系。

（1）通过清晰展现综合计划、投资预算、资金支付及项目结决算等工程项目全过程情况，准确定位投资管理薄弱环节，助力公司精准投资决策，服务

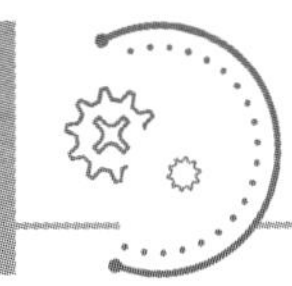

公司资金日排程和实时监控，提高决策支撑保障能力。

（2）通过动态核查在建工程支出情况、工程竣工决算编制情况等，及时督办工程转资措施，推进有效资产转化进程，提高资源转化效率。

（3）通过全景展现工程价值链与业务链各环节、多维度信息，强化信息共享和业财协同，促进公司整体管理提升。

工程多维分析报表的应用由二级 ERP 系统（含集中部署系统）将项目主数据、项目预算及项目执行信息进行整合，建立工程项目全链条数据库，并基于整合后的数据库完成工程多维分析结果出具及展示。

4. 数字引领，辅助支撑管理决策

利用 5G、人工智能、物联网等新一代信息技术支撑传统基建工程数字化、智能化转型，实现工程资源协同预测、全生命周期可视化安全管控、关键业务指标实时在线、智能辅助决策、现场作业风险预判预警，推进电力工程项目资金科学规划、生产作业安全可控、工程进度综合快速查询、工程质量可测评，提升电力工程规范化、数字化、协同一体化的精益管理水平。

对电力工程异构业务系统的数据整合及治理，按照业务资产目录进行分类存储，利用大数据、统计分析和科学决策模型构建智能决策辅助系统，采用回归、拟合分析等工具，分析共性问题、挖掘价值风险点，提供决策支撑，基于各类机器学习、深度学习算法模型构建自适应的算法模型库，支撑个性化主题数据分析、业务数据联动、智能综合预测等需求，提供全方面、多层次的决策支持及知识服务，提升电力工程建设中管理者的数据洞察能力、科学决策能力。

5. 联防联控，构建风险防控体系

围绕工程全过程，梳理风险点和责任部门、岗位，以业财联动清障的系列“组合拳”，重构工程财务管控机制。

（1）健全体系。基于工程管理，业务端侧重安全风险管控，财务端侧重财务风险管控，针对项目管理过程中的隐患、缺陷问题可能导致的风险点，按照风险管理要素，梳理风险点，组织开展风险识别、风险预警和风险控制等措施，建立健全专业风险管控体系，确保风险可控、在控、能控。

（2）完善机制。明确风险责任，梳理部门、岗位风险职责，建立业财联合会商机制和问题整改跟踪机制，定期组织开展风险评估，强化问题整改落实，提高风险管控执行力。

（3）推进数字化风险控制。借助多维精益管理体系变革，以及大数据、云计算、物联网、区块链等信息化技术的深入应用，探索从业务—风险—技术的 3 个方面，利用电网企业海量数据资源，基于工程管理全过程，尤其是管理薄弱环节，针对高风险业务场景，研究设计数据分析工具，进行数据获取，设计风险预警指标，开展风险监测与预警防控。

8.3.2 大数据应用助力电力企业工程财务管理的模式构建

1. 构建大数据分析模型，打造出大数据应用平台

电力企业工程预算与规划是否精准、合理，直接影响着工程建设的经济效益与社会效益，然而，科学精准的预算制定需要充分地利用大数据，大数据技术应用的前提是打造出大数据的应用平台，营造良好的数据环境，这就需要先创建大数据分析模型，具体可以从以下几方面做起。

（1）创建资金流入预测分析模型。此模型主要是针对资金流入的管理，依靠此模型能确保预算的高效、精准。电力企业主要的资金流入来源为电费收入，所以，预测分析电费收入可以辅助企业从整体掌控企业资金头寸，促进资金的高效、安全流动，而且借此模型也能精准剖析预售电价，提高财务管控与协同水平，参照不同类型用电、电压级别等一系列历史数据，采用聚类分析法能得出不同地域、各个维度的执行电价特点。利用大数据全程管控，能深化市场营销部、工程部门和财务部门的联系对接，从而借助大数据来梳理用户、工程链条数据，并清晰地呈现工程链条中各关键节点的进度。

（2）创建资金支出预测模型。主要针对资金流出管理，要精益支出预测模型，而且要优化预算编制基础，从而立足于工程项目与预算执行情况来科学地预测资金流。充分地利用大数据对合同、工程项目、供应商等进行多维度资金预算执行分析，实现财务部门对资金的全面掌控，实现资金的精益化管理，深入挖掘数据间的内部关联，形成基于大数据的财务精益化管理。

（3）工程项目的经济评价模型。电力工程项目的建设根本目标为创造最

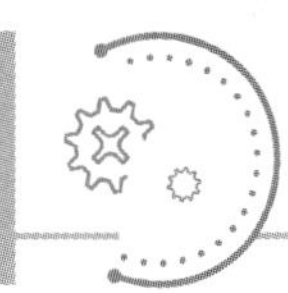

大的经济利益，对此，必须对电力工程项目的整体经济性进行评价。基于大数据技术构建电力工程项目经济评价模型，此模型主要包括市场评估、收益评估与风险管理三大维度。

1）市场评估。市场评估维度主要是依据整个电力行业市场发展所统计的大数据对电力负荷指标加以分析，进而调整电力营销战略。具体的市场评估维度又可分为项目建设资源条件、项目建设原材料、环境影响程度等客观方面；以及企业经济效益、盈利能力、投资决策等主观方面。任何评估都是基于大数据统计。

2）收益评估。收益评估维度主要是对资产组合投资期望回报率的评估，具体就是根据电力工程项目中不同资产在总投资的占比，并按照公式计算出投资回报率，即

期望回报率 =（期末价格 – 期初价格 + 现金股息）÷ 期初价格

由于电力工程项目的地域条件、经济环境等在不断变化，对应的公式中的各个参数也必然作出调整，此时可以借助于大数据系统提供客观、准确的参数数值，进而得出更准确的结果。

3）风险管理。风险管理维度是电力工程项目经济评价模型的又一个重要维度，对于电力工程，资产的不良组合将导致经济收益低于预期，进而带来项目风险，对此必须强化风险管控。利用经济模型法，风险评估主要通过风险回报率方差和协方差两大参数来评估电力项目风险，两大参数同样要参考大数据系统的统计数据，从而让风险评估更加客观、准确。还应在电力工程竣工投产后进行经济后评价，分析实际投入产出情况，进而指导工程前期的经济性评价。

2. 创建财务管理价值链

创建财务管理价值链有利于电力企业创建完善的财务体系，并深入拓宽企业业务。让电力企业的核心业务在提供供电需求至客户、客户接入与服务、资产处理与规划这三大维度基础上，增加财务管理现金流，最终形成四大核心价值链。基于大数据的财务管理价值链如图 8–2 所示。

为了确保财务管理效率，创造理想的经济效益，全面增强电力企业的实力和市场竞争力，需要加强财务与业务深度融合，从以往的财务管理朝着全程业

务结合的财务管理升级。要深入掌握企业内在运行规律及业务部门的各项业务，从而实现企业价值链的延伸，实现从传统的单一资金流向信息流、资金流、实物流的转化与升级。财务部门也要有效地运用数据分析工具，辅助企业完善业务流程，调动财务对企业业务的监管与协调，从而为电力企业工程建设创造更多的经济效益。

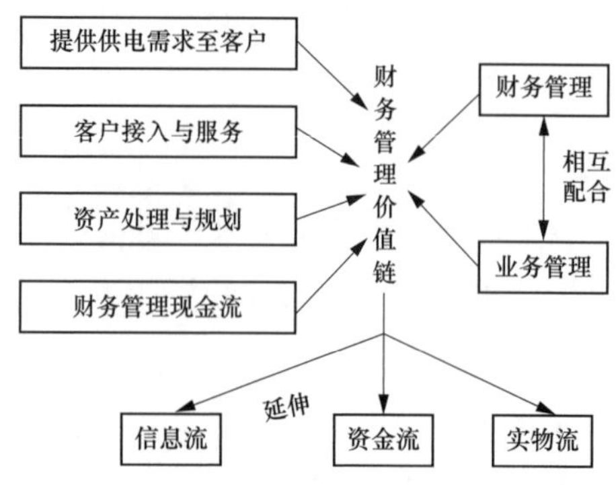

图 8-2　基于大数据的财务管理价值链

3. 充分利用大数据分析工具

随着基于大数据的财务管理价值链的创建，必须明确旧式的财务管理模式无法达到经营预测与智能化分析等目标，面对变幻莫测的客观市场形势，财务预算必须充分地利用大数据分析工具，掌握科学的数据分析法，通过数据的整合、集中、归纳、统计等方式来预测企业未来经济活动形势，并编制出科学的预算，进而从整体预测企业经营状态。

大数据背景下，要打破传统的会计视角下的单纯的财务分析，而是要将业务和财务紧密结合起来，而且必须延伸分析范围，在牢固把握财务规划方向基础上全面分析业务范围，最终构建起财务、业务一体化的全面分析体系，要充分地利用大数据分析工具，掌握不同的数据分析手段来深入挖掘数据、剖析数据，正确把握不同数据间的联系，以数据识别问题以及未来的财务优化方向，深入探究潜藏在大数据身后的规律，从中分析出财务管理中的不足，以此来真正提升电力企业财务管理水平，进而为企业创造更多的经济效益。

参考文献

［1］李向荣，郝悍勇，樊涛，唐跃中．构筑数字化电网建设信息化企业［J］．电力系统自动化，2007（17）：1–5+44.

［2］王子军．工程财务管理在建设项目中的控制作用［J］．财会学习，2022（04）：12–15.

［3］王艳．加强电力工程财务管理的途径研究［J］．财经界，2022（23）：126–128.

［4］吴芸．工程项目建设中财务管理的作用［J］．今日财富，2018（13）：100–101.

［5］汤谷良．财务管理如何赋能企业数字化转型——基于国家电网财务部推出的十大数字化应用场景案例的思考．财务与会计，2021（20）：7–12.

［6］黄敬志，陈敏，华艳花．企业数字化管理体系构建及优化——以G电网公司为例［J］．投资与创业，32.21（2021）：160–162.

［7］王瑾．关于新经济形势下对电力企业成本管理的思考［J］．辽宁经济，2020（03）：38–39.

［8］王世琪．水电施工项目成本管理研究［J］．中小企业管理与科技（上旬刊），2010（10）：55–56.

［9］李慧贤．浅析电力企业成本管理及控制［J］．纳税，2020,14（19）：177–178.

[10] 郑蕤．水电工程项目合同管理及风险控制探索［J］．科技创新与应用，2013（13）：278.

[11] 杨燕静．企业合同管理问题的探讨［J］．全国流通经济，2022（12）：82–84.

[12] 王高平，王春霞．电力工程项目施工阶段的合同管理分析［J］．企业改革与管理，2016（13）：23.

[13] 张宇．信息化支持下的电力企业合同管理优化策略研究［J］．中国管理信息化，2018，21（23）：67–68.

[14] 黄贤东．企业采购合同的审计审签及其应注意的问题［J］．财会通讯，2006（03）：61–62.

[15] 陈静琳．电力企业管理中的法律风险以及合同管理策略探究［J］．投资与创业，2021，32（17）：124–126.

[16] 张东，陆美华．基建项目财务竣工决算管理探析——以国网江苏省电力公司为例［J］．财政监督，2016（22）：95–97.

[17] 雷丹瑶．AB 供电公司基于业财融合的工程自动竣工决算研究［D］．电子科技大学，2020.

[18] 陈鹏．浅谈电力工程全过程的财务管理［J］．商业会计，2012（23）：102–103.

[19] 胡玥．供电公司工程竣工决算财务一体化分析［J］．纳税，2020，14（27）：135–136.

[20] 田涛，高勇．浅析水电项目竣工财务决算的编制［J］．经济研究导刊，2014（02）：179–183.

[21] 黄文英．地市供电局基建工程竣工决算管理研究［J］．经济研究导刊，2019（01）：119–121.

[22] 刘胜扩．浅谈电网工程竣工财务决算管理［J］．云南电业，2014（02）：45–46.

[23] 赵正罡．浅谈电力工程竣工决算管理［J］．商业会计，2014（18）：99–100.

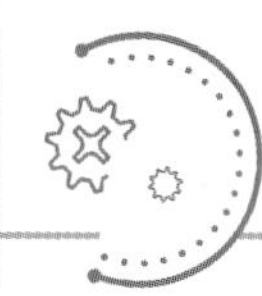

［24］项勇，卢立宇，魏瑶．工程财务管理［M］，2 版．北京：机械工业出版社，2019.

［25］张年松．论当前电网企业资金管理存在的问题和改进措施［J］．中外企业家，2014（18）：14–16.

［26］张瑞．浅析财务报表分析在财务管理中的作用［J］．老字号品牌营销，2022（09）：182–184.

［27］郑浩．论财务报表分析在财务管理中的作用［J］．中国市场，2021（26）：156–157.

［28］梁惠．财务报表分析在财务管理中的重要性及应用探讨［J］．中国集体经济，2022（21）：151–153.

［29］杨芹芹．财务报表分析在财务管理中的作用及优化对策［J］．投资与创业，2022，33（15）：81–83.

［30］王萍．论企业财务报表分析在财务管理中的作用［J］．中国市场，2020（21）：174+176.

［31］李爱华，刘月龙．建筑工程财务管理［M］，3 版．北京：化学工业出版社，2022.

［32］谭为．BZS 风电站工程项目财务风险评价与控制研究［D］．长沙理工大学，2018.

［33］刘如镜．关于加强电网企业资产管理的思考［J］．经贸实践，2017（23）：15–16.

［34］崔燕．浅析电网企业税务管理工作现状及优化对策［J］．行政事业资产与财务，2013（20）：65.

［35］林水静．创新驱动技术发展，走好电网信息化转型之路［N］．中国能源报，2022–08–08（007）.

［36］魏子栋，盖晓平．电力企业人力资源管理数字化转型中的问题及对策［J］．中国电力教育，2021（06）：28–29.

［37］郑厚清，崔维平．能源电力企业数字化转型年度观察与思考［J］．中国电力企业管理，2022（07）：74–75.

［38］郭庆华 . 新时期电力工程财务管理探究［J］. 现代营销（信息版），2019（01）：57–58.

［39］蔚琴 . 大数据时代电网企业工程财务管理现状及改进措施［J］. 企业改革与管理，2020（23）：178–179.

［40］谢闻昕，闫慧霞 . 电网企业基于“三全”引领的业财共享型工程财务管理体系研究［J］. 企业管理，2021（S1）：254–255.